本书系山东省社会科学规划研究项目文丛·一般项目“社会主义核心价值观视域下沂蒙精神的继承和弘扬研究”（批准号：17CYMJ17）、2018年度山东省高等学校人文社会科学研究计划项目“习近平新时代中国特色社会主义思想的精神实质和丰富内涵研究”（项目编号：J18RB024）研究成果

沂蒙精神新探索

YIMENG JINGSHEN XIN TANSUO

赵 晨◎著

安徽师范大学出版社
·芜湖·

图书在版编目(CIP)数据

沂蒙精神新探索 / 赵晨著 . — 芜湖：安徽师范大学出版社，2019.8
ISBN 978-7-5676-4335-2

Ⅰ. ①沂… Ⅱ. ①赵… Ⅲ. ①民族精神－研究－临沂 Ⅳ. ①D648

中国版本图书馆CIP数据核字(2019)第197768号

沂蒙精神新探索 赵 晨◎著

责任编辑:潘 安
装帧设计:张 玲
出版发行:安徽师范大学出版社
芜湖市九华南路189号安徽师范大学花津校区
网 址:http://www.ahnupress.com/
发 行 部:0553-3883578 5910327 5910310(传真)
印 刷:江苏凤凰数码印务有限公司
版 次:2019年8月第1版
印 次:2019年8月第1次印刷
规 格:700 mm ×1000 mm 1/16
印 张:13
字 数:190千字
书 号:ISBN 978-7-5676-4335-2
定 价:48.00元

序

以习近平新时代中国特色社会主义思想为指导，将革命老区精神深入挖掘、充分继承、积极开拓、努力创新，以青少年喜闻乐见的形式去传播和弘扬，引导和教育青少年，从而培养出“不忘初心，牢记使命”的合格的社会主义事业接班人。

沂蒙精神是中国革命精神的代表之一。在当前大力倡导社会主义核心价值观的背景下，把沂蒙精神与社会主义核心价值观教育结合起来进行研究是完全可行的，也是十分必要的。本书以约二十万字的篇幅，深入探讨在社会主义核心价值观视域下如何继承和弘扬沂蒙精神，从而更好地宣传红色文化和革命精神，帮助提高青少年思想政治素养。

研究沂蒙精神的形成、历史发展、内涵特征和当代价值，有利于驳斥沂蒙精神“过时论”和“过窄论”，丰富和完善沂蒙精神的理论研究和学术成果，奠定沂蒙精神研究的理论基础；有利于进一步充实中华民族精神的内涵，促进民族精神的薪火相传；更有利于丰富和发展中国共产党的革命理论和社会主义建设理论，继续弘扬党的革命精神和革命传统，促进马克思主义与中国实际的充分结合，坚定中国特色社会主义道路，进一步完善中国特色社会主义理论体系。

研究沂蒙精神及其时代价值具有重大的现实意义。沂蒙精神产生于沂蒙大地，在沂蒙精神的指引下，沂蒙人民取得了革命、建设和改革的光辉成就。研究沂蒙精神及其时代价值，有利于汲取沂蒙精神的精华，发挥其强大的精神动力作用；继承和弘扬沂蒙精神，并赋予其时代内涵，对于临沂地区乃至山东地区的经济、政治、文化和社会发展都会产生巨大的推动作用。同时，沂蒙精神作为党的革命精神和革命传统的重要组成部分，研究和发掘沂蒙精神的时代内涵和价值，有利于开创党的建设和践行群众路线的新局面。

本书的完成，是笔者省级课题多年研究成果的结晶，又是社会主义核心价值观视野下继承和弘扬革命老区精神出版工作的开始。抱着“成熟一本，出版一本”的态度，诚恳希望得到专家、同行的批评指正，以便在深度、广度以及创新方面有更好的提升和突破。

目　录

第一编　沂蒙精神概论

第一章　沂蒙精神的形成条件 / 003

第一节　历史文化是沂蒙精神形成的文化基础 / 003

第二节　革命传统是沂蒙精神形成的宝贵财富 / 008

第三节　党的培养是沂蒙精神形成的政治渊源 / 010

第二章　沂蒙精神的历史发展 / 020

第一节　新民主主义革命时期是沂蒙精神的形成阶段 / 020

第二节　社会主义建设时期是沂蒙精神的发展阶段 / 025

第三节　改革开放时期是沂蒙精神的完善阶段 / 028

第三章　沂蒙精神的基本内涵与特征 / 031

第一节　沂蒙精神概念的提出 / 031

第二节　沂蒙精神的基本内涵 / 036

第三节　沂蒙精神的特征 / 044

第四章　沂蒙精神的构成要素 / 049

第一节　革命战争时代的沂蒙精神 / 049

第二节　社会主义建设初期的沂蒙精神 / 053

第三节　改革开放时期的沂蒙精神 / 054

第五章　沂蒙精神的当代价值 / 059

第一节　沂蒙精神与民族精神、时代精神 / 059
第二节　沂蒙精神与改革开放 / 063
第三节　沂蒙精神对中国梦的激励价值 / 068
第四节　沂蒙精神在山东临沂地区 / 074
第五节　红嫂精神的现实价值 / 077

第二编　沂蒙精神的继承与弘扬

第六章　沂蒙精神与社会主义核心价值观的内在关联 / 089

第一节　沂蒙精神与社会主义核心价值观的统一性 / 089
第二节　社会主义核心价值观为沂蒙精神的弘扬提供正确导向 / 094
第三节　沂蒙精神为社会主义核心价值观提供路径和载体 / 095
第四节　弘扬沂蒙精神对践行社会主义核心价值观的作用 / 098

第七章　沂蒙精神继承与弘扬的因素、路径及措施 / 102

第一节　沂蒙精神继承与弘扬过程中面临的制约因素 / 102
第二节　新时代社会发展对沂蒙精神发展提出了价值转换的新要求 / 109
第三节　进一步弘扬与发展沂蒙精神的路径选择 / 110
第四节　在宣传与弘扬沂蒙精神中践行党的初心使命 / 114
第五节　充分运用全媒体传播沂蒙精神 / 117

第八章　社会主义核心价值观视域下继承与弘扬沂蒙精神的具体措施 / 121

第一节　建立健全弘扬沂蒙精神的政策调控机制 / 121
第二节　构建多主体多向度沂蒙精神践行机制 / 126

第三节　将沂蒙精神融入国民教育体系 / 132
第四节　构建符合时代要求的传播平台 / 135
第五节　加大对沂蒙精神资源的保护与开发研究 / 145
第六节　动员全社会力量壮大弘扬沂蒙精神的阵地 / 154
第七节　将沂蒙精神融入社会主义核心价值观教育的制度建设中 / 158

第三编　沂蒙精神融入高校育人体系

第九章　沂蒙精神与大学生核心价值观教育相结合 / 163

第一节　当代大学生核心价值观的内涵与重要性 / 163
第二节　沂蒙精神融入大学生核心价值观教育的可能性分析 / 166
第三节　沂蒙精神在大学生核心价值观教育中的价值体现 / 167
第四节　高校沂蒙精神传播存在的问题 / 172
第五节　沂蒙精神融入当代大学生核心价值观教育的路径分析 / 174
第六节　沂蒙精神融入大学生思想政治理论课 / 187

主要参考文献 / 194

第一编 沂蒙精神概论

第一章　沂蒙精神的形成条件

沂蒙地区位于山东省东南部，其主体部分在今临沂市内。沂蒙精神是中华民族精神的具体体现，是党和国家的宝贵精神财富，始终激励沂蒙人民自强不息、开拓奋进。沂蒙地区有着悠久的历史，沂蒙人民在这块土地上繁衍生息，创造着灿烂的文化，文明进步，名人辈出；沂蒙人民具有光荣的革命斗争传统，在长期的斗争过程中培养了爱憎分明的正义感和不甘忍辱屈从、勇于顽强反抗的革命精神和斗争意识；沂蒙地区作为中国共产党领导抗日战争和反抗国民党进攻的重要战略阵地，发挥了重要作用，党的老一辈革命家曾在沂蒙地区奋斗，为全国革命的胜利做出了巨大贡献。因此，沂蒙精神的形成有着深厚的历史文化基础和革命斗争传统，是在党的关怀与培育下形成发展起来的。

第一节　历史文化是沂蒙精神形成的文化基础

沂蒙地区拥有源远流长的文化脉络，不少具有里程碑式意义的文化人物诞生于此地，对当地百姓起到了耳濡目染的教化作用。受到特定文化熏陶影响，沂蒙人民将祖祖辈辈的智慧沿承至今，在此期间，相关文化得到补充、扬弃，逐渐呈现出推行礼仪、求索真谛、无私奉献、追求正义、强调意志的价值导向，群众精神风貌、人格方面也逐渐呈现出特色景象。这令沂蒙精神拥有了博大精深的文化底蕴。

一、从东夷文化到齐鲁文化

沂蒙大地东临黄海，又以泰山为界限，丘陵地貌为主，共计7 000余个山头，河流超过400条，争相展示大自然风光。蒙山被奉作“亚岱”，最高峰达到1 156米，同泰山于西侧贯通，东侧则有沂河相邻，还包罗了“七十二险峰，三十六洞天”的特色风貌。孔子到访过这一山峦，被记载于《孟子》之中。蒙山同沂山相距不远，沂山仅比蒙山低24米，是历代军事枢纽点。战国初期，齐国利用山势的天然屏障作用，砌成城体，其遗址目前仍能观摩一二。沂蒙山共计72崮，“崮”，这在世界范围内也是相当不易寻得的地貌景象。“崮”，又称“方山”，形似堡垒，海拔平均达到500米，由于形态各异，或存在于故事中，各有不同命名。孟良崮据说是历史人物孟良在此练马练兵，因此得名，山上至今仍能见到拴马石、跑马梁等。孟良崮战役更为此地赋予了别样的色彩。陈毅同志在此地赋有诗歌：“临沂蒙阴新泰，路转峰回石怪，一片好风光，七十二崮堪爱。”对此地的热爱之情可见一斑。

沂蒙有着青山绿水，沂河、沭河、中运河、滨海四条水系贯穿其内，令整个沂蒙土地得以天然灌溉滋养。其中，大支流多达1 035条，其余支流则达15 000条，河流长度超过10千米者在300条以上。沂河被当地人视为“母亲河”，自北至南流经7个县、区，之后在江苏辖区内抵达黄海，全长为570千米，流域面积则有10 790余平方千米。《尚书·禹贡》所记录的信息，四千年前，大禹便发挥人的能动性，治理过这一河流。沭河则从沂山南麓出发，向南流经一些县区，同样在江苏辖区内抵达黄海，全长超过400千米，流域面积为6 400平方千米。齐长城、浮来山、莒国故城、北沟头等诸多人文古迹均临近沭河。

沂蒙这片土地中的山水资源，让当地常住百姓获得了存续基础，从中取得食物和遮蔽之地。沂蒙群众借此繁衍后代，世代传承中，也将无数文明成果推送给外界。同时，自然环境影响着人们的生存和发展，艰苦的自然环境、长期的生活磨炼，锻造了更具生命力的人群。沂蒙人民饱受生活洗练，更加坚韧不拔，顽强拼搏，同时心存希冀，勤勉朴素。在旧社会，在相当长的一段时间内，沂蒙人民含辛茹苦，饥寒交迫，一直过着艰难的生活。压迫者们没有考虑底层群众感受，任意设置苛捐杂税，加之天灾，一度令这片土地上的人们流离失所，民不聊生。当地百姓对旧社会、旧制度怀有刻骨的仇恨，试图寻求理想中的生活环境。

沂蒙大地拥有广博的文化资源，东夷文化在此繁荣，齐国、鲁国文化滋润沂蒙。在数千年间，文明得以延续，文化名人纷纷涌现。他们仿佛星群，将沂蒙这片大地照亮。参考考古资料可知，沂蒙人民生活生产的痕迹，可追溯至很久之前。沂蒙作为历史悠久的区域，共有超过80处石器文化遗址，这象征着早在2万年前，就有人类扎根此地，将充满智慧的古代文明痕迹流传至今。

考古者通过考察史前阶段痕迹，将这段历史文化分为三大阶段：山林文化、山麓文化、河谷文化。山林文化作为旧石器历史的产物，当时群众仍然将原始森林作为住所区，生食、衣不蔽体等习惯仍然存在，通过采集、渔猎活动果腹。而后他们迁徙至山麓地段，逐渐同农业生产活动产生关联。他们通过沿河种植，令沿岸地段拥有了相对先进的文明。中华民族五千年文明以黄河、长江为发源地，沂蒙史前文化便发源于黄河下游沿岸。这是黄河下游现存的可追溯文化源地的区域，沂源猿人是其创造人。1960年之后，在沂蒙山区的沂源县，发现了古猿化石，按发现地址命名为沂源猿人。据考证，这一发现不亚于元谋人、蓝田人、北京猿人等具有史册意义的发现，沂源猿人的发现填补了中国猿人地理分布上的空白，使山东人类历史源头直接追溯到40万年至50万年前。沂蒙大地上发掘出的石器痕迹数不胜数。劳动经年累月地影响着自然环境，也对人类本身构成潜移默化的影响，劳动推动着我们的祖先从猿人演化为智人，如今以现代人身份活跃在历史舞台上。新石器时期，沂蒙人民的祖先已经拥有决断力，迈入平原区，不再依附于山峦环境。他们迁移至沿海一带，最远处抵达东南亚、东北亚。距今6 000至7 000年，他们所创造出的文化，进入东夷文化阶段。

东夷文化作为中华民族本土文化的分支单元，拥有不可或缺的价值。它以沂蒙山区为立足点，沿山沿河扩散，经水系推送到四面八方。最终，山东、辽东半岛均被覆盖在内，在东南沿海地区也有所渗透。《说文解字》曾经描绘夷人身躯高大的形象，“山东大汉”这一称谓由此而来。沂蒙属于东夷文化源头，由于所处的复杂多变的地理环境，当地百姓始终秉持坚韧不拔、励精图治的精神。工具制造方面，逐步制造出诸多精美陶器，弓箭、文字、历法、纺织、酿酒、航海等不断积累，已经初具规模。当地群众设计的音乐作品，令人陶醉。依托历史纵向发展脉络，我们可知，经济、政治、军事是该文化领域的重要议题。当地百姓所拥有的顽强奋斗、不畏强权的精神意志，得益于东夷文化的熏陶作用。

进入商周时代后，沂蒙文化再度得到扩充，齐鲁文化被引入在内，同原有的东夷文化彼此汇聚、融合。春秋战国阶段，齐国雄踞于沂蒙北区，其文化对沂蒙文化的影响是深刻的。齐文化依托东夷文化的前提框架，得以调整、补充，它将开放性立场作为自身发展原则，并讲究真实效力，因此当地百姓更容易抱有遵循平等、自由原则的态度。他们不妥协、不气馁的品性得以积淀。而克服艰难、励精图治的精神面貌，不只对当时的沂蒙人起到积极影响力，还作为后代沂蒙人的品质亮点，延续至现代社会。

临沂西侧临近古鲁国，春秋阶段该地部分区域已经划归鲁国管辖。孔孟学说在鲁国得以问世。孔子72个传承人中，临沂人达到13名。尤其是东汉阶段，儒学得到肯定，成为正统思潮，令沂蒙文化得到延伸推广。不少大众耳熟能详的历史典故便来自此地。韩愈撰述《师说》时举例：“孔子师郯子”，郯子作为沂蒙人，同孔子间的师生交情广为人知，问官祠、倾盖亭等的建设便是纪念此历史事件，现仍可寻得遗址。祸起萧墙、庆父不死等，同样向我们呈现出其文化魅力。孔子始终通过礼仪文化修炼自身。此外，匡衡通过在墙体上挖孔获得光亮，实现学习目的；王祥在冰面上横躺，试图捕获鲤鱼孝敬长辈。这些事件及其衍生故事，纷纷呈现出儒学在沂蒙区域的长效影响力。

兼收东夷、齐鲁文化之后，沂蒙文化开始表现出独有属性特征。它将鲁文化的稳重、礼仪吸收在内，同时容纳了齐文化的阔达、绮丽气质，这构成了沂蒙地区丰厚的历史文化底蕴，形成了沂蒙人独具特色的文化性格。一是尽忠尽孝。沂蒙人尤其看重忠诚，面向集体权益时，可誓死捍卫，决不妥协。他们怀有爱国之情，追求统一，维护团结。诸葛亮、颜真卿、颜皋卿、左宝贵等作为代表性人物，毕生精力投入国家大业，最后操劳终生，称得上是民族典范。沂蒙人的忠还体现在个体之间。对挚交的诚心、义气，成为他们的人生信条。提及孝道，沂蒙更是极为推崇，《二十四孝》中，七处典故取材于沂蒙区域：仲由为亲负米，闵损单衣顺母，曾母啮指心痛，王祥卧冰求鲤等故事历经重重岁月洗礼，至今依旧被各界群体所传颂。这也是这一地区至今民风淳朴的重要根源。二是崇文尚武。当地文化底蕴丰富，文化名人不胜枚举。曾参作为孔子爱徒，通过沂蒙继续传承儒家学说。荀子则被任命为兰陵令，在沂蒙撰有书目，还将墓地选址在临沂。由于古代这里的教育比较发达，此地历史上，教育先进性便超过其他区域，造就了“书圣”王羲之、“算圣”刘洪、经学家匡衡等历史文化名人，他们在历史长河中起到突出贡献作用。诸葛亮、王导等以智慧闻名的高官，也由临沂土地培养而出。临沂并非只重文史，它还关心国防要事，鬼谷子、蒙恬、孙膑等赫赫有名的将领，均在此处有过生活经历。1972年，《孙子兵法》《孙膑兵法》竹简被发掘出土后，一时间名扬四海，震惊各界，被列为20世纪国际前50考古发现之一。这个发现解决了孙子与孙膑是否是一个人、《孙子兵法》与《孙膑兵法》是否是一部兵书的历史疑案。三是自强不息。当地自然环境相对不宜居住，考验着沂蒙人的意志力。沂蒙人遭遇困苦之际，通过勤俭、坚韧品性，保持战斗力，敢于冲向前列，争取胜利，无论他们后期身处何地，从事何种岗位工作，均具备敬业奉献的积极品性。

沂蒙大地灿烂的历史文化，对生于斯、长于斯的沂蒙人民来讲，无疑产生了潜移默化的重要作用和影响。数千年间，这里诞生了不胜枚举的历史文化名人，如古代著名先贤仲由，笃圣先贤闵子骞，著名思想家、教育家荀子，著名经学家匡衡，著名历算家刘洪，著名政治家、军事家诸葛亮，“书圣”王羲之，唐代著名书法家颜真卿等人，就充分表明了这个地区经济、文化的发达和社会的进步。沂蒙群众依托此种文化基础，延绵发展至今，将有关文化精髓加以吸收、改造，使其日臻健全，更加契合新时代文化导向诉求。爱国、求真务实、集体主义、尊师重道等宝贵道德品行，从历史文化维度上，为沂蒙精神的产生奠定了深厚的历史文化基础。

二、沂蒙近代革命文化的直接影响

沂蒙地区长期对抗恶势力的侵扰，革命精神得以培养，也让当地百姓更加勤勉、果敢。面对封建制度的桎梏，沂蒙农民联合起来对抗权贵的情况不在少数，史上有名的一些起义，以沂蒙为根据地。早在秦汉阶段，当地便爆发过秦嘉起义、吕母起义；隋唐历史中，记载有彭孝才起义；宋元王伦起义也是一大典型事件。相关起义对当局统治构成一定冲击力，展现了沂蒙群众敢于与恶势力抗争的顽强意志。

近代以来，清政府丧权辱国的卖国行径激起了沂蒙人民的强烈反抗，沂蒙大地上掀起了反帝反封建运动的高潮。鲁南幅军起义事件，起义军建立根据地，多次打败清军，消灭大量地主武装，展示了当地农民的战斗力。他们还将目光瞄准外来的教会，为保护本土文化不受毒害，发动各种活动，声势巨大。义和团运动更是激发了当地百姓的一腔热血，狠狠打击了中外反动势力的嚣张气焰。沂蒙人民在这些斗争中显露出的英勇无畏的抗争精神，令人赞叹。

沂州籍众多热血青年勇于抗争，在故土建设新兴教育机构，以此推介革命主张，为革命事业添砖加瓦，树立反清大旗。他们也在抗击帝国主义的活动中，为保家卫国大业提供积极支持，沂州路矿权斗争取得胜利，不可忽视该类群体的突出贡献。五四运动发生后，工人阶级运动日益壮大，革命之光四处燃烧，为沂蒙地区的革命工作创造了良好的环境。

第二节　革命传统是沂蒙精神形成的宝贵财富

沂蒙地区有着光荣的革命斗争传统。沂蒙人民素来以吃苦耐劳、不畏强暴、仗义豪侠而著称，在长期的历史进程中，形成了敢于斗争、不怕牺牲的光荣革命传统。一旦有了先进思想的指导，沂蒙人民具有的这种强烈而朴素的阶级情感，便升华成一种崇高的思想意识和崭新精神，沂蒙精神就是在这样深厚的思想文化沃土中产生的。

一、沂蒙革命根据地的创建和发展

山东根据地是革命战争时期创建的重要革命根据地，它以沂蒙山区为重心。在抗日战争、解放战争中，沂蒙山区一直是我党、我军与敌人拼杀交锋，并领导沂蒙人民夺取革命胜利，最终取得全国胜利的重要战略基地。

1938年，党中央指明，将军队调往山东，设置共产党抗日据点。党中央干部过去曾三度到访此地，将抗日精神传播到山东，带动当地抗日队伍不断壮大。党中央还将八路军第115师调往山东，借此夯实华北革命基础，进而将革命势力拓展至华中，沂蒙敌后战场由此诞生，军队同当地百姓间的携手作战篇章也由此开启。这一联合作战计划，令日军侵略企图化为泡影，沂蒙根据地持续扩张。

解放战争时期，党中央将中共中央华中局改为华东局，迁至临沂，陈毅等干部驻扎山东，为巩固和壮大沂蒙根据地奠定了基础。1947年6月，蒋介石向山东解放区发起重点进攻，将矛头直指华东局、山东党政领导机关所在地临沂，华东部队主力迅速回师鲁南，组织进行反攻，相继取得了鲁南大捷、莱芜战役和孟良崮战役的胜利，沉重打击了国民党军队的嚣张气焰，蒋介石的重点进攻山东解放区的阴谋被彻底挫败。

二、沂蒙人民的抗战支前

"七七事变"时期，沂蒙山区抗战热情高涨，吸纳各界抗战势力，汇聚成抗日统一战线，参军运动蓬勃发展。费南县约千名群众参军抗战，临沂县任大娘、沂水县彭大娘则支持儿子参军，形成号召作用。所有人纷纷围绕前线抗日做出贡献，一时间各家各户精壮人士均得到家庭成员鼓励，以参军形式报效国家，英雄典范不胜枚举。

沂蒙山区共计420万名群众，直接投身抗战一线事业者达20万名，支援队伍则为120万名。广大人民群众在党的领导下，沂蒙人民同仇敌忾，积极参军参战，纷纷组织起来拥军劳军，优待抗属烈属；送弹药、救伤员，负责战场后勤支援；缝军衣、做军鞋、推米磨面送军粮，腾房子、烧开水、做干粮、送草料；掩护军政人员、伤病员，哺育八路军战士后代等；涌现出抗日模范村、渊子崖浴血抗击日军和沂蒙红嫂等抗战支前先进典型。

在反抗日军侵略的战斗中，当地民众毫无保留贡地献自己的力量，将前线打造成"铁的队伍"。各家各户团结一心，充分呈现出集体主义的高尚品性。这也令其既有的忠贞品质得以沿承，革命意志彰显于外，为沂蒙精神的形成提供了宝贵的精神财富和政治资源。

第三节　党的培养是沂蒙精神形成的政治渊源

在马克思主义的影响下，沂蒙地区的先进分子接受了马克思主义，加入了中国共产党，并建立了沂蒙地区党的早期组织，奠定了良好的组织基础。沂蒙根据地不断扩展，各界携手对敌，终于取得了革命胜利。中华人民共和国成立后，党中央十分关注沂蒙地区，鼓励、带领沂蒙人民参与新时期建设事业。在党的关怀和培育下，沂蒙人民保持进取精神，在社会主义新阶段中，同样建树颇多。

一、各级党组织的建立是组织基础

中国共产党诞生之后，以王尽美等为代表的第一批共产党员，首先成为马克思主义理论的传承者，经不同渠道、形式，向外界传播马克思主义，推广马克思主义理念。沂蒙人民凭借这一有力武器，自身观念得以更新，对革命必胜的信心更加坚定，投身到革命热潮之中，全力以赴做好革命工作。

中共沂水支部建立后，日照、莒县、郯城、临沂等地的党组织纷纷建立，他们积极进行党的组织建设，派党员深入学校等地开展工作，宣传马克思主义思想，为日后的武装斗争做了组织上和思想上的准备。在抗日战争开始之时，沂蒙大地的党组织快速发展，初步形成了星罗棋布的局面，相继组织领导了日照暴动、苍山暴动、龙须崮暴动、费县暴动、沂水起义等，革命运动在沂蒙大地纷纷兴起。

日照、沂水、苍山、龙须崮暴动失败后，当地党组织遭到了严重破坏。但却树立了党在群众中的威信，为革命高潮的到来奠定了基础。共产党员未因此气馁，反而将深层的斗争精神充分激发出来。各地党组织不断积蓄力量，最终重整出发，从组织层面奠定了沂蒙精神基调。

二、共产党把人民利益放在第一位，为人民谋解放

在革命战争年代，正是因为沂蒙根据地的党政军干部胸怀群众、引领群众、爱护群众、奉献群众，才赢得了人民对党的衷心拥护和支持，推动铸造了沂蒙精神。

（一）舍生忘死，保护人民生命财产

1939年3月，八路军第115师挺进山东，开辟了沂蒙根据地。在伟大的人民战争中，发生在沂蒙的主要战役有临沂战役、葛家庄战役、鼻子山战斗、铜井战斗、塔佛山战斗、留田突围、大崮山战斗、柳洪峪战斗、大青山战斗等19次。共产党领导人民军队奋不顾身，解救沂蒙人民于危难之中，保护群众生命财产安全，誓死捍卫百姓的利益。1941年12月，共产党人领导的军队在莒南渊子崖与日军展开激烈的战斗，为了确保群众脱离危险，在营救的过程中，40多位年轻指战员奉献了自己的生命。1944年的8月下旬，日军突然袭击莒南山区，滨海军区六团在团长贺东生指挥下与20倍以上敌人展开激战，1 000多名群众安全转移，30多名战士献出了宝贵的生命，其中有一个班的战

士在与敌人激战的过程中，打完了最后一颗子弹，全部跳下山崖，结束了宝贵的生命。

历史充分证明，不管是抗日战争时期，还是解放战争时期，沂蒙根据地都是与敌作战的主战场之一，是夺取全国胜利的重要战略基地。沂蒙山区的每一寸土地都留下了我军将士的足迹和鲜血。在这种火与血的洗礼中，山东党政军民共同熔铸和形成了伟大的沂蒙精神。

（二）发展生产，改善民生

1.减租减息

抗日战争爆发后，中华民族到了生死关头，中国共产党人为了实现联合抗日，组成抗日民族统一战线，团结一切可以团结的力量，改变了以往的土地政策，从没收地主土地，到减租减息，调动更广泛的力量参与到抗日救国的战争中。

1940年11月，山东省临时参议会通过了全省第一个《减租减息暂行条例》，少数地区初步实行了减租减息。从1942年开始，随着《关于减租减息改善雇工待遇开展群众运动的决定》《山东省借贷暂行条例》等制度条例相继推出，减租减息在山东抗日根据地如火如荼地开展起来。沂蒙根据地全面按照中共中央部署，充分结合当地实际和抗战形势，制定了减租减息计划，并划定了实验中心县。山东分局以滨海区的莒南、临沭两县为减租减息实验中心县，为了做好“双减”工作，专门在两个县内分别派驻了工作团，抽调的干部人数达到200人，在工作中积累经验。鲁中区党委以沂水埠前庄、马牧池为“双减”试点工作，鲁南区党委以邹东、费南、滕峄边、边联4个县为试点，并将边联、费南这两个县作为减租减息重点县。自此，“双减”运动在沂蒙抗日根据地内迅速开展起来，并取得了显著成效。据不完全统计，到1944年年底整个鲁中地区减租粮接近322万斤，涉及金额接近88万元，减息粮超过11万斤，涉及金额超过67万元，增资粮超过406万斤、款72 054元。鲁南区减租村庄接近2 000个，减地超过1.7万亩。

减租减息提拔了农民的精神风貌，群众生活大为改善，负担大为减轻。根据地人民每亩的负担仅为伪占区的五分之一、国统区的九分之一，这极大地激发了广大人民群众的抗战热忱，翻身农民纷纷报名参军参战，形成了拥军支前的热潮，推动了根据地的经济建设。

2. 推行土地改革

抗日战争胜利后，随着民族矛盾下降，阶级矛盾逐渐上升，原来的减租减息政策已不适应形势发展的需要，广大农民迫切要求获得属于自己的土地，为此，党中央抓住有利时机开始了土地改革。山东解放区的土地改革从1946年6月开始到1949年结束，经历了初步土改、复查、深入三个阶段，取得了显著的成绩。1946年9月1日，华东局发出《关于彻底实行土地改革的指示》之后，土改工作迅速得到落实。在东海县，仅花费一个月时间，就已经基本完成土改工作，只有新民和浦西两个边沿村庄没有完成进度。按照统计数据来看，在这次土改工作中，农民总体得到的，土地亩数超过了5 000亩，几百头家畜，包括106头猪、153头牛、76头驴，此外还有10辆大车，343间房屋，粮食15 582斤，现款117 075元，树19 720棵。得到土地的贫农和中农户数接近7 300户，在分到土地的同时，签订了新契约。经过两个月的时间，滨海区完成了大部分土改工作，从6 280个村庄的统计数字来看，农民得到的土地亩数接近42万亩，此外还有721亩山荒场，得到的房屋数量达到9 242间。

通过轰轰烈烈的土地改革，农民在中国共产党的领导下，实现了“耕者有其田，居者有其屋”，翻身当家做了主人。得到真正实惠的农民把对共产党的感激转为参战支前的热情，极大调动起了广大群众生产、支前的积极性。

3. 开展大生产运动

在抗日战争中，沂蒙地区出现了严重的经济困难，当地的抗日根据地按照毛泽东发出的“自己动手，丰衣足食”的号召和中共中央提出的“发展生产、保障供给”的方针，自力更生，克服困难，开展大生产运动。在轰轰烈烈的大生产运动中，共产党八路军一手拿枪、一手拿锄，春夏开荒种地，冬天挑担贩盐，白天养猪种菜，晚上纺线织布，部分机关和部队经常性费用自给率达到50%。从1944年年初到1945年8月，在大生产运动中，山东的抗战根据地扩大的耕地亩数至少为70万亩，仅1945年，根据地的粮食产量至少增加了6亿斤，棉花产量接近4万担。大生产运动不仅使部队生活得到改善，还减轻了人民的负担，促进了根据地经济发展。

4.抗灾救灾

沂蒙根据地常年处于战火之中，加上频繁遭遇自然灾害，严重破坏了工农业生产活动，不仅导致荒废了田地，产生大量饥民，还遭遇到瘟疫的侵袭，导致大量难民流离失所。有效的抗灾救灾成为党和政府的一项重要任务。为此，山东根据地和解放区政府出台了大量关于救灾、预防粮荒、难民救济、医疗救济等方针政策，设立救灾机构，为根据地和解放区的军民防灾、救灾、灾后重建工作指明了方向。

除了直接救济，根据地和解放区党政机关还开展了节约运动，为救济灾荒捐献粮款。以临沭县为例，当地党政军民在灾荒面前鼓足干劲，带领县内民众开展生产节约运动，从1941年秋天开始，政府机关开始参加生产运动，种菜、育豆芽，磨豆腐，开油坊，养猪，并开办合作社，不仅可以维持政府机关自给自足，还可以改善机关生活质量。到了冬天，实施供给制度，设置开支最低标准，提倡节约。1947年，我党领导的军队取得孟良崮大捷。华野各部看到受灾地区同胞的艰难生活，组织救济活动，仅两天时间，募集到的北海币超过53.3万元，此外还有接近2万斤粮食，8.4万斤草票，886件衣服，以及大量日用品。同样在1947年，莒南县遭遇国民党军队进攻，再次沦为重灾区，为了救灾，当地的干部组织捐献活动，共计捐献5 000元北海币，以及1 252公斤粮食。

在根据地各级党政军民机关团体的努力下，沂蒙地区的救灾防灾工作取得了显著成效。1948年4月，沂南县生产救灾委员会发放救灾粮食125 000斤，贷款1 500万元，救助群众12 500人；沂东县生产救灾委员会发放救灾粮食34 304斤，救助群众3 363人。党在根据地全力改善群众的生产生活条件，关心受灾群众的疾苦，真正使人民群众衣食得到了保障，生活水平得到了提高。

（三）教育群众提高觉悟

减租减息运动、大生产运动的开展，使人民群众在政治、经济上翻了身，随着社会地位的提高，如何承担起应有的社会职责，这需要他们迫切提升文化水平和政治觉悟。沂蒙根据地抗日民主政权建立后，各级党组织和抗日民主政府努力在广大农村扫盲，普及文化教育，建立正规小学，广泛组织夜校、冬学、庄户学、识字班、读报班等，沂蒙地区呈现出了“村村办学，户户读书，抗日救国，人人争先”的新气象。

1. 开展冬学运动

冬学运动是指利用冬季的农闲时间，组织识字不满1 000个，年龄在15至45岁（妇女不超过35岁）的根据地群众义务教授文化知识的活动。冬学运动不仅单纯学习文化知识，还对群众进行抗战形势、前途的教育。因此，冬学运动一经开展就受到了广大群众的热烈支持，参与积极性非常高涨，发展规模迅速扩大。到1943年春，沂蒙根据地大多数村庄都建立起了各种形式的冬学组织。

2. 组织识字班

在旧社会，受男尊女卑、女子无才便是德等封建思想的影响，农民家的女孩几乎没有上学的机会。沂蒙根据地建立后，各级党组织和抗日民主政府就动员适龄女孩上学。1940年，山东省妇女救国总会号召各地文化教育部门向妇女普及文化教育，兴办面向女子的识字班、小学等，沂蒙根据地的识字班如雨后春笋般涌现出来。在八路军访贫问苦、大力宣传下，广大妇女开始走进识字班，并参与文化活动当中。参加识字班的主要以年轻女性为主，因而识字班后来成为年轻未婚女性的代名词。在识字班，姑娘们不仅学习到了文化知识，还学习了革命道理，大大提高了青年妇女的思想意识，成为党组织和妇救会的得力助手，在拥军支前、生产劳动等各项工作中发挥了重大的作用。

3. 开办庄户学

“庄户学”就是在冬学过程中出现的一例新型教学模式。最初发端于小学教育，是由莒南县洙边区刘家莲子坡村小学任教的张建华老师创造的。他发现绝大多数贫苦农民的孩子因为都要参加家庭生产劳动，而无法正常到校上课，于是，他根据孩子们的劳动分工，把他们分成放牛组、割草组、拾柴组等，利用他们的劳动休息时间，在田间、山坡巡回教学。遇到阴雨天，再把他们集中到学校里来。这种教学方法较好地解决了学习与劳动的矛盾，孩子得以做到劳动与学习两不误，因此受到家长普遍欢迎，被农民誉为“庄户学”。庄户学的教学方法同样适用于成年人，在张建华的帮助下，该村又成立了民兵班、青年班、壮年班，老年班和炕头妇女班。随后庄户学教学模式被推广到整个沂蒙地区，读书识字成为农民的生活日常。

随着抗日形势的发展，庄户学的教学内容和方法也不断丰富完善，教学内容除了与生产劳动、生活实际相结合外，还与政治、军事、时事教育相结合。在移动的课堂中开展小组教学，甚至登门访问，进行个别教学，采取农民喜闻乐见的特色教学方法，使农民的文化、政治素质得到了同步提高。

4. 开展新文艺运动

在普及教育的同时，沂蒙根据地也加强了文艺宣传，文艺舞台是文化宣传阵地的重要一角。1942年，在《在延安文艺座谈会上的讲话》精神指引下，沂蒙抗日根据地广大文艺工作者们紧密结合党的中心任务和工作，成立抗日剧团（社），纷纷深入农村、部队演出，以群众喜闻乐见的方式创造了很多反映抗战现实，歌颂工农兵的文艺作品。当时比较正规的剧团（社）主要有八路军第115师的战士剧社、抗大一分校文工团、山东省妇救会的姊妹剧团、滨海区平剧研究社（又称曙光剧团）、鲁中第三军分区的沂山剧团、滨海区山东实验剧团、沂蒙国剧社等文艺团体。在正规剧团的带动下，广地农村地区建立了各种文艺组织，包括秧歌队、文艺宣传对、农村剧团等。到了1945年，莒南县的剧团已经超过两百个，演员人数达到上千人；在很多村庄，村民自发组织秧歌队，不论是老妇人，还是小孩子，都到台上参加表演。

在各项文艺活动中，识字班的妇女挣脱了几千年来的封建枷锁，成为文艺活动的主力军。许多地方成立了妇女剧团，排演的节目深受群众欢迎，例如《三杀娘子》《反对买卖婚姻》以及《全郎归队》等。演出内容大多是根据当时的中心工作自己编写的，《过关》《到前线去》主要是向青壮年发出号召，让他们参与前线斗争，《小放牛》《妇织》主要描绘的是沂蒙地区人民日常生活生产的情形，还有反映“双减”运动的《减租》《谁养活谁》，反映大生产运动的《郑信开荒》《懒汉回头金不换》等。除了文艺剧团的演出，歌咏也是较为普遍的文艺宣传形式，《劝郎参军》《纺线歌》等都是革命年代的经典歌曲，除此之外，《沂蒙山小调》一直传唱至今，成为很多百姓耳熟能详的民歌。

文艺工作的开展不仅丰富了当地人民的日常生活，在农村地区普及了文化知识，还配合了党在不同时期的工作，对根据地的发展起到了重要作用。

（四）服务群众，鱼水情深

为进一步密切军政军民关系，1942年年底，中共中央指示在陕甘宁边区率先开展拥军爱民运动。1943年2月23日，山东省临时参议会、山东省战工会作出《关于拥护抗日军队的决定》；山东军区、第115师随后做出《关于拥政爱民的决定》。此后，“双拥”活动在各地蓬勃开展，形成了军爱民、民拥军，军政军民空前团结的局面。

1943年春，滨海军区部队开展了拥政爱民突击月活动。两个月内，为群众挑水35万担，推粪12万车，为群众挖粪汪、拉犁、推磨、干农活多得无法统计。1943年6月麦收时，第115师教导二旅第四团和地方武装包围醋大庄（现属临沭县）据点7天7夜，掩护群众抢收麦子5 200亩。滨海军区第十三团三连在临郯费峄边沿地区驻扎一个多月，帮群众挑水723担，捣粪111担，送粪450担，人拉犁耕地26亩。次年麦收时，115师教导二旅第四团特地组织起割麦远征队，走遍52个村庄，帮助351户军属、284户村干部与抗日工属、96个贫农收麦4 560亩。无论是机关单位，还是学校和军队，都积极参与到农业生产当中，兴修水利，耕种土地，不断改善沂蒙根据地的百姓生活，让百姓得到实在利益。

（五）民主参政、保障权益

1939年开始，山东党组织、八路军第115师与沂蒙根据地的人民群众一起，积极开展了沂蒙根据地的政权建设工作，在根据地内条件成熟的地方，迅速建立起人民自己的、完全民选的政权。

山东省战工会于1940年8月在沂南县青驼寺正式成立，三个月后，颁布了第一部专门保障人权的条例，也是我党制定并公开发表的第一部《人权保障条例》。在该条例中，赋予了人民群众各项政治权利。

为了让群众在政治上真正当家做主，从1942年下半年起，遵照中共中央的指示，山东抗日根据地开展了各项民主运动，彻底改造村政权，落实“三三制”原则，赋予百姓参加选举的权利。“三三制原则”，即在政权人员比例上，共产党员、中间分子以及非党员中的左派进步分子各占三分之一，这不仅表现出我党的民主政治，还具体运用了抗日民族统一战线政策。

政策一经推出，就得到了沂蒙地区群众的欢迎。农民中间很多人不识字，因而出现了“豆选”的方式，这在选举上是一种创新，也是人类选举史上的奇迹。“金豆豆，银豆豆，豆豆不能随便投；选好人，做好事，投到好人碗里头。”《豆选诗》反映了选民对自己手中的黄豆看得特别神圣，虽然只是不起眼的小黄豆，却代表着众多百姓的选举意志。根据统计，在当时，沂蒙地区的政府中，有70%的乡长、80%的区长以及94%的县长都是通过民众选举产生的，在村干部聘任中，也都是尊重村民的选举结果。由于充分发扬民主，在沂蒙地区，出现了很多长工村长、牛倌区长和庄户县长。这种民主选举不仅让百姓的意志得到体现，还让民众真正感受到了当家做主的尊严。

综上所述，革命战争年代，沂蒙人民为什么对党和军队如此衷心拥护？就是因为党在沂蒙根据地宣传群众、组织群众、发动群众、服务群众，这是沂蒙精神产生的一个重要的源泉。沂蒙精神的形成和发展是中国共产党人不忘初心、牢记使命的结果。只有全心全意为人民谋利益、谋解放、谋幸福，人民群众才会坚定跟党走，这正是沂蒙精神形成和发展的历程给予我们的重要昭示。

三、中华人民共和国成立后大力提倡与弘扬沂蒙精神

1949年10月1日，中华人民共和国成立了。中国共产党领导人民军队和群众经过浴血奋战，终于推翻了压在人民头上的“三座大山”，赢得了政治上的翻身解放。人民群众彻底成了国家的主人，走上了建设社会主义的康庄大道。沂蒙群众经过革命洗练，进取意志更加坚不可摧，他们保持对新社会的积极愿景，延续既往革命状态，投身经济社会各行各业，令新阶段建设事业拥有可靠的基础力量，谱写了社会主义建设史上开拓进取、勇于创新、敢为人先的壮丽篇章。毛主席先后亲笔批示，肯定推广厉家寨、王家坊前、高家柳沟三个村的典型经验，指导新中国成立初期的农村、农业工作，进一步强化了当地群众的顽强拼搏意志，弘扬沂蒙精神。

改革开放以来，党中央十分重视沂蒙山区的经济社会发展，党和国家领导人多次视察老区，鼓励倡导沂蒙老区人民继承光荣传统，弘扬和践行沂蒙精神，艰苦创业，脱贫致富。邓小平对沂蒙老区的发展十分重视，他为沂蒙山区题词“光照千秋”，充分肯定了沂蒙老区人民取得的光辉历史成就，并高度赞扬了沂蒙人民为中国革命事业做出的重大贡献。1992年7月，江泽民来到沂蒙山区调研慰问，他非常关注沂蒙老区的发展，鼓励和支持老区人民“事在人为，后来居上”，号召当地百姓发挥能动作用，坚持贯彻力争上游的优良品质，将革命热情转化为建国热情，以新的形式保留和发展沂蒙精神，调动所有可以投入生产活动的资源，履行好新时期经济建设任务，分清当前阶段的主次矛盾，将主要精力投入关键领域之中，争取在品质、效率保障的基础上，获取最优回报。党中央格外强调沂蒙建设成果，重视有关建设路线及瓶颈问题，倡议通过学习沂蒙精神，吸收文化力量，以更理想的状态投身社会主义事业，彰显时代面貌。

第二章　沂蒙精神的历史发展

理论的先进性在于时代性，任何一种理论要保持长盛不衰，就必须紧跟时代的发展，不断汲取时代的精华，始终保持与时俱进的品质。沂蒙精神诞生于革命战争年代，成长发展于和平建设时期，在改革开放中进一步升华，始终以其与时俱进的特殊品格，紧跟时代发展步伐，随着社会发展不断被赋予新的时代内涵，从而使沂蒙精神不断丰富、完善和发展，始终保持旺盛的生机和活力。沂蒙精神的发展大致经历了三个时期。

第一节　新民主主义革命时期是沂蒙精神的形成阶段

沂蒙精神在新民主主义革命时期突出表现为热爱党、热爱人民军队，前赴后继支援中国革命。沂蒙地区作为全国著名的革命根据地，中国共产党及其所领导的人民军队，为取得沂蒙地区革命的胜利抛头颅、洒热血的英勇行为，深深地感染和教育了沂蒙人民。沂蒙人民从中看到了希望和出路，把满腔热情倾注到支援中国革命上，表现出了英勇顽强、不怕牺牲的精神风貌。

一、拥护和热爱党的政治信仰

“年轻的中国共产党，你就是核心，你就是方向，我们永远跟你走，人类一定解放。”1940年6月，诞生于沂南县东高庄村的歌曲《你是灯塔》，唱出了沂蒙根据地人民永远跟党走的决心，唱出了全国军民的共同心声。真理就是旗帜，就是方向。具有光荣革命传统的沂蒙人民在艰苦的实践中认清了真理，以马克思主义为指导，以实现共产主义为奋斗目标，主动地凝聚在中国共产党周围，坚定共产主义信念，坚信中国共产党的领导，坚决支持人民军队。

1.坚定共产主义信念

习近平总书记指出："理想信念是共产党人的精神之'钙'，没有理想信念，理想信念不坚定，精神上就会'缺钙'，就会得'软骨病'。"信念决定立场，坚定共产主义信念，是坚持走革命道路的关键。时代催生了中国共产党，在艰难的探索中，中国共产党找到了一条把马克思主义和中国实际相结合，走中国特色社会主义的道路。沂蒙人民在共产党的领导下，牢固地树立了坚定的共产主义信仰，坚定了为实现共产主义，为实现民族独立，不怕牺牲，勇于奉献的彻底革命的精神。

2.坚持中国共产党的领导

中国共产党从成立之日起就把人民的利益放在第一位，以争取民族独立和人民解放为己任。在沂蒙革命根据地，中国共产党以务实的态度勤勤恳恳做事，制定并实施了精兵简政政策，为了使人民的负担得到有效减轻，积极开展了大生产运动；同时，进一步加强了对广大群众的宣传教育工作，一方面教授群众文化知识，另一方面向群众宣传我党的各项方针政策，建立农救会、妇救会、儿童团等群众组织，提升农村社会组织能力和动员能力，使沂蒙人民获得前所未有的政治文化权益。我党军队严守各项部队纪律，我党干部坚持群众路线，为了国家的发展与广大人民群众共同奋斗，对自己严格要求、积极推进廉政建设，沂蒙根据地的共产党员显示出了民族先锋的伟大精神。沂蒙人民真切地感受到党对老百姓的真情，牢固树立了听党的话、无限忠于党、坚定不移跟党走的决心和信心。

3.坚决拥护人民军队

中国共产党领导的人民军队从诞生之日起，就忠实地履行服务人民的宗旨，是彻底为人民服务的人民子弟兵。在长期的艰苦斗争中，沂蒙人民群众逐渐认识到只有中国共产党领导的人民军队才能带领他们推翻一座座大山，开创新的美好生活。沂蒙人民真诚拥护人民军队，坚决支持人民军队对敌作战。沂蒙人民形象地把党比作自己的母亲，把军民之情比作鱼水之情。

二、同仇敌忾杀敌，参与根据地建设

在沂蒙根据地创建发展过程中，沂蒙人民在党的领导下，军民团结一心，同仇敌忾，与敌人殊死搏斗，先后发动了渊子崖自卫战、西山前战斗、徐圩子村自卫战等。其中，渊子崖自卫战是我国抗战史上著名而惨烈的一场村民自发抗击日寇的战斗。渊子崖村位于莒南县，1941年12月20日，1 000多名装备精良的日伪军突袭渊子崖村，扬言要将村民赶尽杀绝。面对穷凶极恶的侵略者，全村310名自卫队员和老幼妇孺与敌人开展了惨烈的肉搏战。战斗持续到黄昏，直到八路军增援部队赶到，日伪军才狼狈而去。这场战斗共消灭日伪军官兵120余人，我方付出惨重代价，140多名自卫队员和村民英勇牺牲。渊子崖保卫战充分表现了沂蒙人民不畏强暴、不屈不挠、勇于战斗、不怕牺牲的英雄气概。渊子崖村也被延安《解放日报》评为“村自卫战的楷模”，并被滨海专署授予“抗日模范村”的光荣称号。

在沂蒙抗日根据地，像渊子崖、西山前、徐圩子等以村为战英勇抗击侵略者的战斗不胜枚举。人民群众充分利用游击战、“麻雀战”、地雷战等战术，狠狠地打击了敌人，保卫和发展了沂蒙根据地。

在对敌作战的同时，沂蒙人民积极响应党中央的号召，在当地党组织的领导下，全力参与和积极支持根据地的政治、经济和文化建设，有力保障了根据地的巩固和发展。沂蒙人民积极参与开展减租减息运动，在很短的时间内就有75%的村实现了“双减”；认真实施土地改革，并按照自愿的原则，成立互助组，80%的以上的农民先后加入互助组，走上了互助合作的道路，依靠集体的力量发展农村经济；在大生产运动中，沂蒙人民是主力军，他们既是民兵，又是生产能手，充分发挥自己的特长，涌现出了大批劳动模范。此外，沂蒙人民积极参与支持根据地的文化建设。大众日报社在沂蒙山区度过了8年10个月的时间，为避开敌人的“扫荡”和破坏，报社先后进驻9个县、30多个村庄。为掩护大众日报社工作人员的安全，沂蒙人民舍生忘死，多次使报社转危为安，先后有160多名群众壮烈牺牲。在沂蒙根据地党、政、军和人民群众的大力支持下，大众日报社才得以不断发展壮大，指导了根据地的发展、巩固。在沂蒙人民的响应下，冬学、识字班、庄户学也热火朝天开展起来。到1943年春，各种形式的冬学组织在沂蒙根据地大多数村庄都建立起来，冬学发展到1 818处，学习人数达到48 158人。1941年，沂蒙山区的识字班已发展到225处，学员达到4 502人。到1944年年底，仅滨海的滨北、滨南两区就有33.4万人参加庄户学，有些村庄参加庄户学的人数占到成人总数的85%以上。

三、前仆后继，踊跃参军支前

1.争先恐后，报名参军

“母送子，妻送郎，送亲人，上战场。”“披红戴花骑大马，参军卫国保家乡。”在革命战争年代，沂蒙人民怀着对党和人民军队的无比热爱，争先恐后、踊跃报名参军，许多村庄出现“送子参军”“送郎参军”“兄弟争相参军”“村干部带头参军”以及青年戴花跨马入伍的感人场面，一家涌现出两位英烈、三位英烈、四位英烈甚至七位英烈的参军模范家庭屡见不鲜。

1938年3月，八路军山东人民抗日游击第四支队一部进入沂蒙山区后，人民群众积极参军，仅沂南县依汶乡的朱家里村和葛沟镇的石泉村两个村就有100多名青年报名参军。苏村镇司马村的徐鼎新，把未满16岁的大孙子送到部队，大孙子牺牲后，他又将15岁的二孙子和13岁的小孙子送到部队。刘家店子开明绅士刘佛缘把自己出钱买枪组建的200多人的抗日武装交给了八路军。蒙阴县垛庄朝阳官庄的彭大娘，先后把自己的儿子们和女儿都送上战场，并带动朝阳官庄79人参加八路军。1944年至1945年，抗日战争进入关键期，沂蒙根据地再次掀起参军热潮，1945年1月，鲁中沂蒙区就有8 111人参军，鲁南区11个县共有11 064人参军。1945年8月，鲁中沂蒙区又有8 000多名青年参军，滨海区有4 000多人参军。解放战争时期，山东作为华东的主战场之一，为扩充兵源，以沂蒙山区为核心的山东根据地共有957 295名优秀子弟参加上战场，其中鲁南区就有127 829人。抗战时期和解放战争时期，沂蒙地区先后有20余万名优秀儿女参加人民军队，3万多沂蒙儿女血洒疆场。沂蒙兵源不仅数量多，而且个个作战英勇、工作吃苦耐劳。沂蒙人民大规模参军入伍，成为军队不竭的源泉，为夺取抗日战争和解放战争的胜利奠定了深厚的兵力基础。

2.勠力同心，拥军支前

优良的后勤保障是战争取得胜利的基础。在战火纷飞的革命岁月，沂蒙人民怀着对党和国家的无限忠诚，全力以赴拥军支前。他们舍生忘死，克服重重困难，冒着生命危险，及时将粮食、弹药、草料等物资源源不断地运往前线。为保障我军进军通道顺畅，沂蒙人民逢山修路，遇水架桥。鲁南战役前夕，郯城县组织1 800名工匠和青年突击队员，连续奋战3昼夜，架起一座承重30余吨的大桥，确保我军部队及重型武器即时开进，抢渡沂河；孟良崮战役中，一万多民众冒雨苦战三昼夜，抢修公路50多千米，石桥、木桥40多座……在战斗中，沂蒙人民都成了我军的情报员、保密员，协助人民军队监视敌人活动，给敌人以出其不意的打击。

在战争年代，青壮年男子大多参军支前，家里的妇女承担起了更重要的责任，她们送子参军，送夫参战；给战士夜以继日地做军鞋、碾军粮送前线；伤员进村后，积极救治伤员，洗衣做饭，精心照料；在行军途中设茶水站；冒着枪林弹雨，奔赴前线，抬担架，送弹药，建路修桥，涌现出了用身体在齐腰深的河中架起火线桥的沂蒙识字班、支前模范“沂蒙六姐妹”等英雄群体。

无论何时何地，沂蒙人民总是以党和国家的利益为重，主动地承担义务和责任，舍小家，顾大家，以自觉奉献为荣，以长期奉献为贵，以竭力奉献为乐，展示出崇高的共产主义精神。

革命战争年代，沂蒙人民为什么对党和军队如此衷心拥护？就是因为沂蒙根据地党政军干部舍生忘死、保护人民生命财产；积极采取措施发展生产，改善民生；开展教育文化活动，提高群众觉悟；实行民主参政，保障群众合法权益。正是因为沂蒙根据地的党政军干部胸怀群众、引领群众、爱护群众、奉献群众，才赢得了人民对党和军队的衷心拥护和支持。这是沂蒙精神产生的一个重要的源泉。

第二节　社会主义建设时期是沂蒙精神的发展阶段

在社会主义建设时期，沂蒙精神突出表现为自力更生、艰苦创业，坚定不移地建设社会主义。中华人民共和国成立后，党的中心任务是恢复经济、建设新中国。面对新形势、新任务，具有光荣革命传统的沂蒙人民积极响应党的号召，发扬革命精神和拼搏精神，自力更生、艰苦奋斗，坚定不移地跟党走社会主义道路，涌现出一批先进的典型，充分反映了沂蒙人民坚忍不拔、勇于战胜困难的雄心壮志和伟大精神。

一、王家坊前等先进典型精神

中华人民共和国成立后，为了加快对农业、手工业、资本主义工商业进行社会主义改造，党和国家向全体人民群众提出了号召——走互助合作化道路，沂蒙人民积极响应党的号召，在互动化合作方面取得了巨大成就，形成了很多创新经验。对于全国其他地区影响非常深远。

莒南县王家坊前村积极响应党中央号召，开始兴办初级农业合作社，由15户农民组成了“新建农业生产合作社”。在兴办的第一年，发挥了集体的优势，农业生产获得了大丰收。在继续推广的过程中遇到了生产资金困难、生产资料严重不足等很多问题。在社委领导的带领下，社员们纷纷投资捐物，困难得到了解决，当年农业生产不仅获得了丰收，而且为合作社的持续发展奠定了基础。这个新做法引起了上级的高度关注，山东省委专门派人到王家坊前村调查研究，将其典型经验上报给中央。1955年9月，得到了毛泽东的肯定：“发动社员投资，解决合作社生产资金不足的困难，是完全可能的”。之后，王家坊前的经验在全国推广，沂蒙人民的创造性工作得到了认可。

农业合作化初期，记账工作遇到了很大困难，因为当时农民文化程度普遍偏低，文盲人数过多，很多合作社甚至没有一个能够记账的人，这种状况不利于农民走合作化道路。莒南县高家柳沟青年团支部为了解决这一问题，通过多种形式对青年农民进行文化方面的培训，组织青年农民利用闲暇时间学习文化。团支部针对当地的青年农民学文化，制定了三步学习策略：首先，学习本村人名、地名、阿拉伯数字；其次，用顺口溜的方式学习；最后，见物识字。团支部所制定的三步学习策略得到了中央的大力赞扬，并号召全国其他地方效仿。

二、“愚公移山”精神

在中共八大上，党和国家明确提出了全面建设社会主义的任务。这一任务提出之后，全国人民群众为之欢欣鼓舞，并以前所未有的干劲投入社会主义建设中，在工农等行业掀起了一股建设的高潮。建设高潮中，最为壮观之一的就是沂蒙地区所进行的整山治水改造，沂蒙地区的人民群众以愚公移山的精神开启了改造山水的新篇章。

莒南县厉家寨自然条件极其恶劣，特别是水土流失严重、耕地面积少，影响了当地的社会主义建设。农业生产运动之后，当地人民克服重重困难，针对当地的恶劣条件，开展了一系列的整地运动，并不断地改进农业技术，创造了新的整地方法，提高了单位面积上的产量。除了整地，当地群众还针对山林改造统一规划，确定了修水库、封山造林等方面的策略。经过两年的不懈努力，耕地面积扩大了192亩，全部绿化的荒山11 800亩，并修成了两条排水沟，长度分别为600米。不懈的努力改变了穷山恶水的旧貌，自然灾害得到了有效控制，生产能力大幅度提高，1957年，当地粮食亩产量增加到了276千克，社员生活水平大幅度提高，有50%的社员达到了富裕中农水平。

厉家寨人凭借着自己的努力，取得了显著成就，并在此基础上再接再厉，采取了一系列的集中整理闲散土地、充分利用农家肥等举措，杂粮和经济作物种植面积、粮食面积得到了大幅度的提升，掀起了一股农业大生产的浪潮，当地战天斗地的事情传到了中央，毛泽东对此批示：愚公移山，改造中国，厉家寨是一个好例。愚公移山充分体现了沂蒙地区劳动人民坚定不移的理想信念、吃苦耐劳的优秀品质、开拓奋进的精神，沂蒙人民的这些精神对全国农业生产具有强烈的号召力，得到了全国人民的高度赞扬。

三、艰苦奋斗的精神斗志

沂蒙地区从地形上看主要属于山区，地势起伏，土地贫瘠。在毛泽东思想的指引之下，沂蒙人民根据客观规律，结合当地的实际情况，努力地改善生产生活条件，创造出极其丰富的物质财富，并取得了辉煌的成就。通过一系列的改造，沂蒙地区出现了崭新的面貌，人民群众生活质量得到了大幅度提高，20世纪60年代初，沂蒙地区成为全国著名的农业先进地区。沂蒙人民凭借着自己的艰苦奋斗、开拓进取、不断创新，走上了幸福之路。

新中国成立之后，沂蒙人民进行了土地革命，确定了土地产权，并办理了土地证，广大贫困农民获得了自己的土地，生产的积极性得到充分调动，农业生产能力有了大幅提升。沂蒙地区内的两条河流——沂河、沭河，经常泛滥成灾，给周边人民群众造成巨大的经济损失。中华人民共和国成立之后，国家制定了“导沭整沂”水利工程，先后有80多万人参与两条河流的治理工程，历经千辛万苦，顺利地完成了水利工程的治理工作，有1 450万亩土地变成了良田。

沂蒙地区主要属于山区，自然条件恶劣，可耕地数量有限。中华人民共和国成立之后，当地的人民群众发扬自力更生、艰苦创业的精神，整山治水，对农田水利实施了综合性治理，并摸索出了一系列创新性方法，在封山造林、修建拦水坝、坡地梯田化方面取得了巨大的成就，掀起了农田基本建设的高潮，彻底改变了穷山恶水的面貌。另外，沂蒙人民在种植方式方面也积极探索创新方法，将易涝洼地改造成为水田，水稻种植面积得以扩大，增加了粮食产量，农民生活水平得到了提高，并且还有能力向国家交粮。沂蒙山区适合种植茶叶，当地人民群众实施南茶北引工程，结合当地的特点，引入了合适的品种和类型，并探索茶树栽培方法。在沂蒙人民自力更生、艰苦奋斗的精神引领之下，当地的风貌发生了彻底性的改变，人民群众的生活水平不断提高。

第三节　改革开放时期是沂蒙精神的完善阶段

沂蒙精神在改革开放新时期集中表现为解放思想、实事求是，坚定不移地走加快发展之路。沂蒙人民以敢闯、敢冒的胆识和艰苦创业精神，解放思想、顽强拼搏，在沂蒙大地上打响了一场没有硝烟的脱贫攻坚战，使得沂蒙地区的生产、生活条件有了极大的改善，沂蒙人民逐步走上了富裕的道路。

一、发扬改革开放精神

党的十一届三中全会以来，伴随着中国改革开放步伐的加快，富有开拓创新精神的沂蒙人民改变了昔日贫穷落后的沂蒙山区的面孔，在党的带领下继续发扬沂蒙精神，率先实现整体脱贫，经济和社会发展迈出了新步伐，文化和生态建设也全面开花。

沂蒙地区作为农业大区，积极响应党中央的号召，认真借鉴外地经验，开创性地推进农业生产责任制，不断深化农村改革，针对没有绿化的荒山、荒滩等建立专业队、组，实行责任制，包产、包干到户，进而在全区农村推行大包干责任制，充分调动农民的积极性，推动了农村生产力的发展。为了适应农村改革深化和农村生产力发展要求，沂蒙人民积极探索推行农业产业化经营，其经验和做法引起了全国的广泛关注和认可。在继续深化改革中，沂蒙人民立足优势，围绕市场，大力调整农业种植结构，积极发展“两高一优”的农业生产模式，对传统优势产业实行规模发展，传统农业得到了大幅度提高。

由于历史原因，沂蒙地区的工业发展一直比较缓慢和落后，全区工业项目寥寥无几。改革开放以来，沂蒙老区适应改革开放和社会主义市场经济新形势，提出“工业强市”的发展战略，一手抓工业经济发展，一手抓企业内部改革，企业数量增长了，企业规模扩大了，又改革了企业内部经营机制，为企业发展增添了新鲜活力，推动了地区经济快速发展。重点培育乡镇企业，实行优惠政策，发展、搞活乡镇企业，同时进行结构调整，壮大主导产业和优势企业。与此同时，还对国有企业、集体企业进行改革。经过不懈努力，沂蒙老区的企业活力倍增，经济迅速发展。

二、弘扬沂蒙精神的先进典型精神

沂蒙老区的共产党员和各级党组织，始终发挥先锋模范和战斗堡垒作用，以顽强的精神风貌和行动，带领人民群众艰苦创业，不懈奋斗。九间棚村自然环境十分恶劣，自从共产党员刘加坤担任了村党支部书记之后，在他的鼓动下，全村仅有的9名党员带领全体群众，艰苦创业，实现了高山水利化，走上了致富的道路，形成了闻名全国的“九间棚精神”，成为新时期全国的先进典型。1999年以后，村党支部在北京和平邑等地建立了9处农业科技园区，进行产品推广和开发，发挥了辐射带动作用，收获了丰厚的经济效益，九间棚村成为全国著名的先进典型和富裕村。

罗庄区沈泉庄村村民王廷江，自愿将自己苦心经营的420万元固定资产的厂子和180万元流动资金无偿献给村集体，沈泉庄村突破旧的产业壁垒，艰苦创业，从贫穷落后的村庄发展为远近闻名的小康村，经济的发展带动了村里各项事业的发展，实现了农村城市化、居住楼房化、生活电气化、农民工人化和农业现代化，兴建了学校和养老等基础设施，王廷江带领全村共同迈向小康生活，实现了共同富裕。

河东区刘团村的发展成果得到了胡锦涛的赞扬。刘团村摆脱过去贫穷的面貌，得益于邵长学。这位年轻村主任用卖掉水牛的800元钱为本，办起翻砂厂，效益显著，后来又走出家门寻求合作伙伴，为村子的发展系上保险绳，最终发展为“全国文明示范村”。蒙阴县八达峪村村支书李长学针对当地水源不足问题，自己掏腰包请专家、出资打井寻找水源，经过全村人的努力，解决了人畜用水困难；推行家庭联产承包责任制，并且实现了绿色循环经济。沂蒙人民团结奋斗、艰苦创业、开拓奋进的精神在新时期得到了传承和发展，树立起了弘扬继承沂蒙精神的先进典型，推动了沂蒙老区社会经济的迅速发展。

三、敢于创新的拼搏精神

靠着沂蒙人民的艰苦创业、开拓创新的精神，如今的沂蒙地区工业、农业得到了长足发展，农村和城市的基础设施水平得到全面提升，经济和社会各项事业走上了迅速发展、跨越发展的道路，实现了后来居上。大力弘扬沂蒙精神，继续发扬自强不息、艰苦奋斗、永争一流的创业精神，进一步解放思想、干事创业。

把六成以上的财力用在民生上，最大限度地为沂蒙老区人民谋福祉，建立健全社会保障体系，实现基础医疗等基本保障全覆盖；加大基础建设的投资，实现基本的生活配套设施全覆盖，努力提高人民的生活质量；创新管理理念，改革管理体制，完善群众诉求接待受理，使社会管理制度化、规范化。

沂蒙地区政治稳定，经济繁荣，社会事业蓬勃发展，人民群众安居乐业，呈现出欣欣向荣的景象，这一切得益于沂蒙人民勇于创新、敢于拼搏的精神风貌，得益于沂蒙人民艰苦奋斗的创业精神。在全面深化改革的重要战略时期，沂蒙人民必将齐心协力，为当地改革攻坚奉献自己的力量。

第三章　沂蒙精神的基本内涵与特征

沂蒙精神是沂蒙人民在长期革命和建设实践中形成的先进群体精神，与其他革命精神一样，具有极为丰富的思想内涵，是党和国家宝贵的精神财富。沂蒙精神有着丰富的思想内涵，同时它是一个开放的理论体系，在实践中产生，又随着实践的发展而不断丰富、完善和发展。沂蒙精神与其他革命精神相比，呈现出鲜明的地域性、群体性、奉献性、实干性和时代性特点。

第一节　沂蒙精神概念的提出

“沂蒙精神”作为一个新概念的提出，是临沂地委为了充分发挥精神力量的作用而提出的，并得到了认可和广泛传播。沂蒙精神宣讲团进驻济南宣讲沂蒙精神、召开沂蒙精神研讨会、开展沂蒙精神展等，促进了沂蒙精神的传播，使得沂蒙精神走出临沂、走出山东、走向全国。

一、沂蒙精神名称的提出

1989年，“沂蒙精神”这个概念首次被提出。当时中共临沂地委为了推动经济发展，提高群众生产的积极性，寻找精神力量来凝聚社会各个阶层发展社会生产，提出了“沂蒙精神”这一概念。首次对“沂蒙精神”这一概念做了明确表述的是李祥栋1989年发表的《发扬老区优势，弘扬沂蒙精神》一文。文章指出，在当时的时代背景下，应该大力传承与发扬沂蒙精神，以加强广大党员干部的自身建设，提高其思想觉悟，坚定其理想信念。

1990年2月2日，山东省委书记姜春云来到沂蒙山区考察调研，目睹了沂蒙地区发生的翻天覆地的变化，深深为沂蒙人民高尚的思想品德、英雄气概和模范事迹所感动和鼓舞。他表示，在这次对沂蒙山区的调研中，受启发最大的是沂蒙精神，现在形势虽然发生了变化，但沂蒙精神犹存。他对沂蒙精神做了阐述，并将沂蒙人民这种高尚的品质加以概括：沂蒙人民在长期的革命和建设中形成了一种沂蒙精神，这就是爱党爱军、艰苦创业、团结奋进、无私奉献的精神。最后，他进一步把沂蒙精神概括为：立场坚定、爱党爱军、艰苦创业、无私奉献。

1992年，江泽民同志在临沂视察时写下了“弘扬沂蒙精神，振兴临沂经济”的题词。1997年，为纪念江泽民同志题词五周年而召开的沂蒙精神研讨会，将沂蒙精神的内涵概括为“爱党爱军、开拓奋进、艰苦创业、无私奉献”。

1999年，胡锦涛同志到临沂视察时指出：在长期的革命斗争中，临沂人民为中国革命事业的胜利创立了光辉的业绩，做出了巨大贡献。中华人民共和国成立后，临沂人民为改变贫穷落后面貌进行了不懈的努力。改革开放以来，把发扬革命传统同弘扬时代精神结合起来，形成了具有时代特征的沂蒙精神。2011年，李长春同志在临沂调研时强调：沂蒙精神是伟大民族精神在革命战争时期的展现和升华，也是中国共产党领导全国各族人民在革命战争时期创造的光辉精神财富，与井冈山精神、长征精神、延安精神、西柏坡精神一样，都是我们的宝贵精神财富。历届山东省委主要领导也都高度重视沂蒙精神，认为沂蒙精神是山东精神的核心，在新的历史时期应当大力弘扬。

如今，沂蒙精神进一步予以概括：沂蒙人民“爱党爱军、开拓奋进、艰苦创业、无私奉献”的精神，具有鲜明的人民性。其中，“爱党爱军”是沂蒙精神的灵魂，展示了沂蒙人民坚定的立场、明确的方向和崇高的政治信仰；“开拓奋进”是沂蒙精神的主题，概括了沂蒙人民追求进步、改革创新、敢为人先的思想意识和胆识气魄；“艰苦创业”是沂蒙人民的特殊品格，体现了沂蒙人民在面对任何困难和问题时，都能自力更生、艰苦奋斗，表现出坚韧不拔的坚强意志和精神风貌；“无私奉献”是沂蒙精神的核心，概括了沂蒙人民顾全大局、公而忘私、自我牺牲、勇于奉献的价值取向。

2013年11月，习近平同志视察临沂，就弘扬沂蒙精神发表重要论述，深刻揭示“水乳交融、生死与共”的鲜明特质，特别强调：沂蒙精神与延安精神、井冈山精神、西柏坡精神一样，是党和国家的宝贵精神财富，要不断结合新的时代条件发扬光大。军民“水乳交融、生死与共”铸就沂蒙精神，这一论述为我们更加深入地把握沂蒙精神的内涵体系提供了重要的启示。沂蒙精神内含着双重主体：一方面是沂蒙党政军，另一方面是沂蒙人民。考察沂蒙精神生成与发展的历史进程可以看出，从革命年代到建设时期，党政军和人民群众这双重主体分别呈现出各具特色又相互联系的精神风貌。从党政军这个主体看，表现出一种“胸怀群众、引领群众、爱护群众、奉献群众”的“大仁”。这种“大仁”是“仁政”的升华，是中国传统社会治理理念与马克思主义政党理念的深度融合。从人民群众这个主体看，表现出一种“爱党爱军、开拓奋进、艰苦创业、无私奉献”的“大义”。这种“大义”是“义理”的升华，是中国传统社会核心价值观与马克思主义价值观的深度融合。除了“大仁大义”，沂蒙党政军民还共同具有一种“奋发有为”的精神。这种精神在战争年代表现为“不畏艰难、勇往直前”，在和平时期表现为“艰苦创业、开拓进取”。这种“奋发有为”精神是民族精神、时代精神在齐鲁大地的展现，深刻体现了齐鲁文化的精髓。

二、沂蒙精神的传播

“沂蒙精神”宣讲团赴济南宣讲。1990年4月10日至14日，由莒南县大峪崖村党支部书记阎维深、平邑县九间棚村党支部书记刘加坤、苍山县杨庄村党支部书记杨振刚、莒县杨家沟村党支部书记卢翠秀、沂南制鞋总厂厂长刘洪明组成的“沂蒙精神”宣讲团，一行五人来到济南，在省直机关、各驻济高校等做了7场宣讲，听众近8 000人。每一场报告的会场上除了掌声可以说是鸦雀无声，他们以朴实无华、生动感人、催人奋进的先进事迹，获得了一致赞扬。

他们说，尽管历史发展了，但沂蒙人民可贵的革命精神和光荣传统没有丢。老区的人民用实际行动彰显着沂蒙精神，并使之深深植根于沂蒙大地，成为一代又一代的沂蒙儿女，乃至全国各族人民团结奋斗、积极进取的重要精神动力。在当下应该充分挖掘、宣传和弘扬沂蒙精神，使之成为全社会的精神，成为推动社会主义各项事业发展的强大动力。山东省委认为，在全省学习、宣传和弘扬沂蒙精神，适应当前形势任务的要求，也符合广大人民群众的愿望和要求，并对全省学习沂蒙精神提出了几点要求：一要学习坚定正确的政治立场和政治方向，二要学习热爱党和军队的深厚感情和高尚品德，三要学习不畏艰难困苦的勤俭创业精神，四要学习为国分忧、无私奉献的品格。宣讲团的报告使得沂蒙精神深深地扎根于每一个听众的内心，沂蒙精神对山东社会经济的发展产生了强大的精神动力支撑作用。

召开“沂蒙精神”理论研讨会。1991年召开了首届“沂蒙精神”理论研讨会。会议认为：沂蒙精神实质上是一种革命精神，其内涵要随着时代的发展被赋予新的内容；沂蒙精神更多的是时代精神，体现着沂蒙人民整体素质和精神风貌的沂蒙精神对于促进经济建设、廉政建设具有重大的意义；沂蒙精神对于振奋民族自尊心和自信心，提高民族自豪感具有深远的影响。当下应该进一步弘扬沂蒙精神，使其成为促进改革开放和现代化的强大精神力量和动力支持。此后，相继在1997年召开了第二届、2002年召开了第三届“沂蒙精神”理论研讨会，对沂蒙精神的研究有了理论上的深度和广度探讨，对于宣传和弘扬沂蒙精神产生了积极的影响，沂蒙精神对沂蒙地区、山东全省乃至周边地区的经济建设和发展都起到了巨大的推动作用。2004年第四届“沂蒙精神”理论研讨会召开之际，将沂蒙精神的研究与社会发展紧密结合起来，充分挖掘其对社会管理和发展的深远影响。会后，山东省“沂蒙精神研究会”正式宣告成立，力图理论与实际相结合，探索沂蒙精神对于经济、文化和社会发展的积极作用和意义。由此开始，沂蒙精神在省内的影响及对其进行的研究与日俱增，学习和宣传沂蒙精神的活动迅速在全省范围轰轰烈烈地展开。2013年11月23

日，“水乳交融、生死与共”沂蒙精神与新时代党群关系理论研讨会在临沂召开。来自全国各地知名理论专家学者围绕会议主题展开集中研讨。会议深入学习贯彻习近平新时代中国特色社会主义思想，习近平同志视察山东重要讲话、重要指示批示精神和关于沂蒙精神的重要论述，深入研究沂蒙精神的丰富内涵、本质特征和重大意义，激励全省上下传承红色基因，发扬党的优良传统，更好地凝聚起实现中华民族伟大复兴中国梦的磅礴力量。山东省委书记刘家义在讲话中说，沂蒙精神贯穿着马克思主义群众观和党的群众路线，诠释了中国共产党人的奋斗精神、对人民的赤胆忠心，把党的初心和使命变为人民群众翻身解放、创造美好生活的生动实践，换来人民群众对党的无限信任，彰显了党的领导的伟大力量，彰显了人民群众的巨大力量。我们的党来自人民、植根人民、服务人民，一旦脱离群众，就会失去生命力。我们要不忘初心，着力践行以人民为中心的发展思想，把实现人民幸福作为发展的目的和归宿，做到发展为了人民、发展依靠人民、发展成果由人民共享。

“沂蒙精神”展出活动。2005年8月16日，为纪念抗日战争的伟大胜利，在国家博物馆成功举办了大型沂蒙精神展出活动。整个展览以“沂蒙精神”为主线，以抗日战争时期山东军民的牺牲奉献和新时期山东和临沂人民经济社会全面发展取得的辉煌成就为重点。在参观沂蒙精神大型展出时，李长春强调：在新的历史时期把革命传统与时代精神紧密结合起来，对于树立和落实科学发展观，推动经济社会全面发展，努力构建社会主义和谐社会，具有十分重要的作用。要加强沂蒙精神爱国主义教育基地建设，使沂蒙精神代代相传、发扬光大，成为推进全面建设小康社会、实现中华民族伟大复兴的精神动力。

《沂蒙山》大型民族歌剧传承红色基因，谱写英雄赞歌。“巍巍蒙山高，亲亲沂水长，我们都是你的儿女，你是永远的爹娘……”2018年12月，由山东省委宣传部、省文化和旅游厅、临沂市委、临沂市政府联合出品，山东歌舞剧院创排的大型民族歌剧《沂蒙山》在山东省会大剧院隆重首演。在炮火纷飞的战争年代，沂蒙山革命老区党政军民水乳交融、生死与共的革命历史，已然成为家喻户晓、百世流芳的红色经典。而以此为背景创作的民族歌剧《沂蒙山》，则以气势恢宏的舞台，激奋人心的唱词，经典大气的曲调，情感真挚的表演和艺术精品的气质，谱写了一曲感人至深的蒙山沂水英雄赞歌，演绎了一段齐鲁军民可歌可泣的抗战故事，不仅赢得现场观众的阵阵掌声，还得到了众多媒体的交口称赞，同时造就了山东省歌剧舞台上一部里程碑式的作品。歌剧《沂蒙山》以抗日战争为主线，以大青山突围、渊子崖战役为创作素材，讲述了海棠、林生、夏荷、孙九龙等主要角色在国家危亡与个人命运的纠葛中，牺牲小我、军民一心、团结抗战的故事，艺术展现了沂蒙精神的红色基因。歌剧不仅生动再现了沂蒙山区群众参军参战、拥军支前的感人事迹，还塑造了许多有血有肉的人物形象。军民水乳交融、生死与共铸就的沂蒙精神，是该剧创作的核心；讲好新时代的红色故事，充分发扬沂蒙精神，是该剧创作的初衷。歌剧《沂蒙山》生动刻画了抗日战争时期，山东军民舍生取义、为国为民的英雄形象，艺术展现了沂蒙精神的形成过程和丰富内涵。

第二节　沂蒙精神的基本内涵

沂蒙精神丰富的时代内涵促使沂蒙人民团结奋进、开拓创新，对经济社会的发展起到很好的促进作用。爱党爱军体现了沂蒙人民立场坚定、方向明确、追求执着的崇高政治信仰；开拓奋进体现了沂蒙人民在党的领导下，追求进步、改革创新、敢为人先的先进思想意识；艰苦创业体现了沂蒙人民自力更生、坚忍不拔、艰苦奋斗的精神风貌；无私奉献体现的是沂蒙人民顾全大局、自我牺牲、勇于奉献的价值取向。

一、爱党爱军的政治立场——沂蒙精神之灵魂和核心

人民群众一旦掌握了真理，认清了正确的前进方向，就会自觉地为实现目标而奋斗。具有光荣革命传统的沂蒙人民，在实践中认清了真理，自觉地坚持

以马克思主义理论为指导，把实现共产主义作为奋斗目标，主动地凝聚在中国共产党的伟大旗帜下，坚定共产主义信念。沂蒙人民在亲身的探索和经历中认清了只有社会主义才能救中国的真理，牢固树立起坚定的共产主义信仰，树立起了为实现共产主义，为实现民族独立、人民翻身解放不怕牺牲、无私奉献的彻底革命精神。而且，随着革命斗争的发展和共产主义事业的进步，这种信念不断强化巩固，更加深入人心，成为沂蒙人民不畏艰险、敢于斗争、勇往直前的强大精神支柱。

沂蒙人民群众目睹了历史的变迁，亲身感受了党对老百姓的真情，从心底里认准了只有中国共产党才是人民的救星，坚信只有跟着中国共产党走才是唯一正确的选择，牢固地树立起听党的话、无限忠诚于党、坚定不移跟党走的决心和信心。正是这种坚定的信念，使沂蒙人民不管是在血与火的战场上，还是在社会主义建设和改革开放的新时期，不管面对什么样的艰难困苦，都始终不渝地支持拥护中国共产党的领导，坚定不移地贯彻党的路线、方针和政策，与党中央保持高度一致。

沂蒙人民跟党走，打败了日本侵略者和国民党反动派，夺取了中国革命的伟大胜利，建立起了新中国，沂蒙人民得以翻身，求得了解放。中华人民共和国成立后，沂蒙人民继续坚定跟党走的信念。在生产生活中，继续坚持党的思想、路线，贯彻、落实党在经济发展中的方针政策，坚持党的领导，一心一意搞建设、谋发展。新中国成立初期，沂蒙人民积极响应党中央关于建设社会主义的号召，以饱满的热情和高亢的激情在沂蒙大地开展了风风火火的社会主义建设工作。沂蒙人民团结一致、吃苦耐劳，不断开拓进取，创造了沂蒙地区经济发展的新篇章。改革开放初期，沂蒙人民高举马列主义、毛泽东思想和邓小平理论伟大旗帜，认真贯彻党的基本路线，解放思想，改革开放，干事创业，加快发展，不仅实现了整体脱贫，而且走上了加快发展的道路。进入全面建设小康社会时期，沂蒙人民以马列主义、毛泽东思想和中国特色社会主义理论体系为指导，大力发展循环经济，进行生态建设，为实现科学发展、可持续发展不遗余力。

中国共产党领导的人民军队是人民的子弟兵，是人民利益的忠实捍卫者。八路军第115师进驻沂蒙地区后，与敌人展开英勇斗争，先后取得了岱崮保卫战、抱犊崮战斗等重大战争的胜利，这些都赢得了人民群众的爱戴和拥护，也深深地教育了人民群众。沂蒙人民把胜利的希望寄托在人民军队身上，把全部热情倾注到热爱人民军队身上。正是这种对人民军队的无比热爱，无论是在革命战争年代，还是和平建设时期，沂蒙人民都始终如一地关心支持人民军队。军爱民、民拥军，军民团结，人民群众与人民军队建立起了密切的鱼水之情和牢不可破的血肉联系，形成了人民军队不断发展壮大的基础和源泉。

党和人民军队为人民出生入死，怀着对人民军队的热爱和信仰，为了民族解放，沂蒙人民踊跃参军入伍，涌现出“朝阳官庄彭大娘，参军工作做得强，母送子来妻送郎，四儿一女上战场”等拥军模范，沂蒙地区的兵源不仅数量多，而且善于作战、英勇顽强，大规模的参军成为人民军队的不竭源泉。除了兵源，战争需要强大的物资作支撑，后勤保障是夺取战争胜利的基础。沂蒙人民全力以赴拥军支前，为革命战争的胜利做出了巨大的牺牲和奉献，人民不仅无私地奉献出了粮食，而且冒着生命危险，及时将物资源源不断地运往前线；成立担架队，冒死抢救伤员；担任军队的情报员、保密员，开展地下工作和开展喊话、宣传等瓦解敌军的工作。

沂蒙人民始终大力支持部队建设，每年部队征兵时，沂蒙人民严把征兵质量关，把最优秀的青年送到部队，确保兵源质量。新时代的“新红嫂”们继承和发扬战争年代的“红嫂”精神，积极做好拥军工作，精心制作手帕、鞋垫、背包等慰问品，送到部队慰问亲人。对烈、军属，残疾军人等，各级政府都是精心安排照顾。每逢农忙时节，农民都自发组织义务帮工队帮助烈、军属忙收忙种，拥军支前的优良传统在新时期不断发扬光大。

二、开拓奋进的思想意识——沂蒙精神之主题和要义

传统文化的经典《易经》中“自强不息”“厚德载物”的精神，深深植根在齐鲁大地上，于历史洪流中与齐鲁文明逐渐融为一体，是齐鲁优秀传统文化具有强大生命力、生生不息不断发展壮大的重要源泉。沂蒙文化在吸纳齐鲁文化的基础上不断向前发展，滋养形成了沂蒙儿女包容大气、吸纳整合、生生不息、奋斗进取的精神。齐鲁优秀传统文化中，既有齐文化的争创霸业思想，又有作为齐鲁优秀传统文化基础的儒家文化的内省图强、刚健有为。对两种文化的包容整合，形成了沂蒙文化中的包容进取、开拓奋进的沂蒙精神，激励着古往今来的沂蒙人民生生不息，不断开拓创新，在新时代的今天依然发出耀眼的时代光芒。

沂蒙人民痛恨侵略和剥削，敢于砸碎旧世界，敢于同帝国主义和封建主义彻底斗争，尤其进入抗日战争和解放战争时期，沂蒙人民万众一心，踊跃参军参战，全力支前。仅解放战争时期，全区460万人口就有120万人支前参战，有31 000多名沂蒙儿女献出了宝贵的生命。在他们身上，既充分体现了善于接受新思想、支持新事物、追求新生活的创新和奋进意识，又充分体现了敢于向旧世界宣战、同旧传统和旧观念决裂的彻底革命精神。正是这种创新奋进的意识，才使沂蒙人民在新民主主义革命中，义无反顾地跟着中国共产党走革命的道路，并以舍生忘死、一往无前的英雄壮举和实际行动参加革命，支持革命，从而推动了中国革命不断从胜利走向胜利，为建立新中国做出了不可磨灭的巨大贡献。

中华人民共和国成立后，沂蒙人民政治上赢得了翻身解放，具有光荣革命传统和开拓奋进精神的沂蒙人民继续发扬开拓精神，积极投身到社会主义建设中，取得了良好的成绩。沂蒙人民创造了许多新经验，尤其是莒南县王家坊前新建农业合作社的经验，被毛泽东称赞为“做了一个创造性的工作”，引起了全国学习的热潮。沂蒙人民自觉遵循客观规律，因地制宜、发展生产，努力改

善生产生活条件。从荒山秃岭到粮食丰产，从南稻北移到南茶北引，这些在沂蒙历史上从未有过的伟大壮举，不断改变着沂蒙地区的面貌，改变着沂蒙人民的生活。这些创举和变化，是沂蒙人民勇于创新、开拓奋进的结果，是沂蒙人民的勤劳、智慧与开拓创新思想意识相结合的产物。

在此基础上，沂蒙人民乘势而上、加快发展、奋力赶超，城乡建设得到较快发展，城乡居民的生活水平和质量得到巨大提升，经济和社会发展取得了骄人的成绩。沂蒙老区以一个富强、美丽、文明的“大临沂、新临沂”形象，重新展现在世人面前。沂蒙人民发扬不甘落后、敢为人先的精神，加快发展，跨越发展，在优化经济结构、转变经济发展方式上取得了卓越成绩。临沂地区定位建设一流的物流城市，大力推进城市物流发展，带来了丰富的原料和商品，这也带动了服务业的发展，促进了本市产业结构的调整。积极转变经济发展的方式，提倡自主创新，培养了大批高端专业人才，推动经济由“投资驱动”向“创新驱动”转变。加快发展民营经济并且发挥文化资源优势，建设历史文化名城，依托丰富的山水资源，建设山水生态城。沂蒙人民开拓创新，发挥了整体优势和综合效益，形成了资源共享、载体共用、工作互动的良好创建局面。

三、艰苦创业的精神风貌——沂蒙精神之动力和保障

艰苦创业的思想渊源是勤劳勇敢。作为中华民族的传统美德，勤劳勇敢、艰苦奋斗的品格自古以来就是我们民族精神的主要内涵之一。几千年来，正是依靠这种精神，中华民族才能历经沧桑而巍然屹立于世界民族之林。面对中国改革开放如何用数十年时间走过西方发达国家需要一两百年时间走过的历程这一“新的李约瑟难题”，2014 年习近平同志赴欧洲访问时，对此做出了简要的回答：中国幅员辽阔，人民勤劳勇敢和具有五千年的文化积淀，丰富的优秀传统文化家底，是中国崛起和发展的坚强基石。习近平同志将中国人民勤劳勇敢的品格作为单独一项提出来，可见其重要性，这也是我们中华文明不断延续发展的独特优势和坚实根基。勤劳勇敢是中华民族宝贵精神财富，发端于齐鲁

优秀传统文化的沂蒙精神包含了这一基本品格。传统的沂蒙人表现出不畏困苦、勇于挑战的精神。这种源于内心的不屈不挠的精神，在当今矛盾重重的世界面前给人以向上的力量，激励着沂蒙人民去奋斗、去努力、去追求。

刚刚获得解放的沂蒙人民，面临着恶劣的自然条件和生存环境，在异常艰难困苦的环境下，继续发扬战争年代的艰苦奋斗的精神，向自然宣战，战天斗地、改造自然，努力改变着沂蒙地区的贫穷落后的面貌。淮河给沿岸人民带来苦难，治淮工程在沂蒙地区拉开了帷幕，“治沂导沭”作为治淮的重要组成部分，迅速展开，沂蒙人民的小推车又一次推向了治淮战场，在挖掘人工运河过程中，发扬“一不怕苦、二不怕死”的“硬骨头精神”，靠手打钢钎、人拉小车，完全靠手工劳动完成了任务。

治淮工程解决了洪涝灾害，而“千库万塘”建设工程则是要解决干旱缺水的情况。沂蒙人民冒着严寒酷暑，镢刨锨挖，人抬肩挑，这个工程建设了十年，全区共建成大型水库11座、中型水库29座、小型水库1 000多座、塘坝3万多座，总库容34亿多立方米，控制流域面积7 549平方千米。沂蒙人民不当大自然的奴隶，勇于发扬愚公移山、艰苦奋斗的革命精神，其艰苦创业的精神，在社会主义建设实践中得到了新的升华。

沂蒙山区贫困问题突出，勤劳顽强的沂蒙人民并没有被吓倒，依靠自己的力量艰苦奋斗，发扬苦干实干、艰苦创业的精神，走上攻坚脱贫的道路。派机关干部组成扶贫工作组，到贫困村驻点包村，实行“单位负责、三年包干、到期验收、合格换点，完不成任务由单位负责人带队包扶，直至脱贫”的制度。针对教育、道路等设施落后的情况，全区积极筹措资金，加大对教育的投入力度；自筹资金和通过投工投劳来修路架桥，大干交通。沂蒙山区小流域多，实施山、水、林、田、路综合治理，最大限度地开发利用农业资源，提高农业产出效益，是山区脱贫致富的有效途径。沂蒙人民积极进行小流域综合开发治理，取得了明显成效。

沂蒙山区工业发展较慢，全区积极探索“重工强农”的道路，乡镇企业异军突起，产品销往全国甚至海外，取得了良好收益。靠着沂蒙人民的艰苦创业精神，仅用了10年时间，到1995年年底，全区就在全国18个连片扶贫地区率先实现了整体脱贫，一举甩掉了贫穷落后的帽子，走上了富裕之路。

近年来，沂蒙人民继续发扬艰苦创业的精神风貌，用沂蒙精神引领各项事业的发展，进一步解放思想、干事创业，取得了新成绩。坚持把加快发展、建设富裕沂蒙作为第一要务，不断调整经济结构，加速经济发展方式转型，努力实现科学发展、可持续发展；积极探索海外市场，拓展对外贸易，提高对外开放程度，对外技术交流与合作不断扩大，联合协作取得新成效；积极探索节约、集约的新路子，治理大气污染、水污染，走科学发展的道路；加强思想道德建设，举办“书圣”文化节、蒙山长寿旅游节和诸葛亮文化旅游节等，打响沂蒙文化品牌；社会稳定的局面不断巩固和发展，广大群众的创造力得到充分发挥。沂蒙山区取得的这一切成绩，均得益于沂蒙人民大力弘扬沂蒙精神，发扬艰苦奋斗的创业精神。

四、无私奉献的价值取向——沂蒙精神之精髓和品质

无私奉献的思想渊源是敦厚仁爱。春秋战国时期，在齐鲁之地临淄的稷卜学宫，先秦诸子百家争鸣，产生了众多思想流派，在不断交流融合中，最终形成了内容丰富、内涵深厚的齐鲁优秀传统文化。这其中，为人敦厚善良、以仁爱之心爱人是齐鲁文化的重要内涵，尤其“仁”的理念是以孔子为代表的儒家所宣扬和追求的目标，更是对自我修养的标准和要求。作为一种地域文化，齐鲁传统文化中的这些思想流派历经数千年的嬗变而代代相传、发展至今，有些内容甚至成为中华优秀传统文化的核心价值理念，深深影响着中国人的思想行为，这与齐鲁大地上人民的淳朴民风、优良品性有很大关系。基于农耕文明的淳朴的敦厚善良的品格，造就了“人之初，性本善”的性善论思想。在人性敦厚善良的基础上，儒家文化还对“仁”做了进一步的丰富演绎。从最初的以仁爱之心修己，推己达人，最终演化为济天下苍生的大爱，齐鲁优秀传统文化中

儒家思想的仁爱被演绎得淋漓尽致，大仁大爱被推崇为一种人生至高境界。齐鲁文化中敦厚仁爱的品质，与沂蒙精神无私奉献的精神相契合、相融通。在党的坚强领导下，沂蒙人民坚定不移跟党走，用仁爱之心，大义之举，与其他民族精神一道，以道德力量铸成中华民族伟大复兴的中国梦的精神大厦，以自信的姿态迈向更加美好的明天。

为了革命的胜利，沂蒙人民倾其所有、毫无保留地奉献了一切，在抢救伤员和护理伤员的过程中，沂蒙人民凑齐哺乳期妇女的乳汁抢救伤员，挽回了许多伤病员的生命，沂蒙老乡收留伤病员在家中热炕上治病养伤，端药送饭。当年参加孟良崮战役和南麻战役的迟浩田将军在记叙诗《伟哉，孟良崮》中这样写道："好乡亲，一勺一勺喂我汤水，好乡亲哪，一遍一遍把我伤口洗净；独轮车载我走过山水几道，沂蒙山给了我第二次生命"，体现了沂蒙人民为革命和胜利无私奉献、无所畏惧的博大胸怀和高尚情操。

以沂蒙山区为中心的山东根据地是中国革命最重要的战略基地之一，在战场上，沂蒙根据地军民众志成城、不怕牺牲，与敌人浴血奋战，无数沂蒙儿女为国捐躯，用生命赢得了革命胜利、民族解放。在大青山战役中，抗大一分校的学员们顽强抵抗，其中的女生队在撤退时被日军截住，她们打退了多次进攻，但最终因寡不敌众，全部壮烈牺牲。在革命战争年代，根据地的民兵与人民军队团结战斗，充分发挥了巨大威力，不但配合主力部队站岗放哨，传送情报，掩护群众，抢救伤员，还直接参加战斗，尤其是开展了地雷战和游击战，沉重打击了敌人的有生力量。在抗日战争中，沂蒙专区抗日武装、党政群机关共伤亡11万余人，其中牺牲4万余人，人民群众被敌人杀死或迫害致死20余万人，致伤残的有60余万人，为民族解放事业做出了巨大牺牲和奉献。

沂蒙人民在"全力支前，全面支前，全程支前，破家支前"的号召下，积极支援抗日前线，当时全区共420万人，离家支前参战的就有120万人。抗日战争时期的支前工作，集物资筹集、给养供给、战地救护、掩藏护理、秘密转移为一体，沂蒙人民克服艰难险阻，舍生忘死地开展各项支前工作，民工们为八路军运粮草、送弹药、救伤员，不怕劳累，不怕牺牲。沂蒙人民组建了一支民工担架队，负责抢救和运送伤员，遇到敌机扫射和炮火攻击，队员们就伏在伤员身上，背着伤员在地上爬行，队员们为了行军赶路，“过家门而不入”，不请假不掉队。抱着一切为了前线的信念，沂蒙人民拆房扒屋，腾出桌椅用具，解决部队建筑工事和交通所需物资；部队过不了河的时候，沂蒙人民就把自己的大车往水里一推，铺上木板、杂草，为部队架起通行的桥梁；沂蒙人民省出衣食送给部队，想方设法筹措军需物资，及时送往前线。

在抗美援朝时期，沂蒙人民发挥当年“全力支前”的优良传统和干劲，纷纷订立爱国共约，积极开展爱国增产节约和捐献运动，还提出“要人有人，要粮有粮”的口号，共有6 395名青年积极报名参军。面对困难，沂蒙人民勒紧腰带，吃糠咽菜，宁可自己不吃，也要完成向国家交售粮食的任务。沂蒙大地是一片奉献的热土，革命先辈们为民族解放奉献生命，社会主义建设者们为国家富强顽强拼搏，时代精英们为经济社会发展树立起历史丰碑。新一代沂蒙人民继往开来，高扬无私奉献的光辉旗帜，继续创造建设社会主义和谐社会的新业绩。

第三节　沂蒙精神的特征

沂蒙精神是中国共产党革命精神的重要组成部分。在不同历史时期，党创立了井冈山精神、长征精神、延安精神和西柏坡精神，这些革命精神闪耀着共产主义的思想光芒。但由于这些精神产生的历史背景、具体条件、主导因素等方面的不同，沂蒙精神与其他革命精神相比，呈现出鲜明的特点。

一、地域性

沂蒙精神诞生的深厚沃土。沂蒙精神扎根于沂蒙大地这片沃土，是以沂蒙独特的地貌特征为自然依托并在浓厚的沂蒙传统文化氛围中生成的，得到了当地区域文化的丰富与滋润，深受其熏陶，具有明显的地域特色。之所以称之为沂蒙精神而不是其他什么精神，本身显现了其地域性的特征。沂蒙精神生长于沂蒙大地，是沂蒙人民价值观念、行为准则的彰显，是特殊的自然地理环境与深厚的文化底蕴的特色地域形态。从地理环境上来说，沂蒙地区地质复杂，地貌多样，地貌类型由西北向东南为山区、丘陵、平原、涝洼，沂河、沭河、中运河、滨海四大水系自北而南，这种山水共生、平原与丘陵相伴的地理环境是沂蒙精神产生的地理背景。从历史环境来说，沂蒙地区是中华文明的重要发祥地之一，沂源猿人的发现证实了沂蒙地区的史前文化时代，沂蒙先人在那时期就已创造了令人赞叹的远古文明。进入商周到春秋战国时代，这是沂蒙文化发展的至关重要时期，呈现出东夷文化与齐鲁楚文化交融的特点。几千年的历史发展，不仅涌现出了刚正不阿的诸葛丰、不为强权所屈的萧望之、祖籍琅琊的颜杲卿、颜真卿等精忠报国的民族英雄，更有鹿乳奉亲的郯子、解衣卧冰的王祥等孝悌佳话。特殊的地理环境加上深厚的文化底蕴，造就了沂蒙人民勤劳勇敢、不畏艰险、勇于探索、无私奉献的文化品格。

二、群体性

沂蒙精神是沂蒙人民在中国共产党的集中领导和全力培育下，在长期的革命和建设中，以马克思主义理论为指导，吸收中华民族精神的精华，逐步形成的一种优秀群体意识和群体精神。沂蒙精神由于其特殊的历史传承性，从其产生直至发展的全过程，都一直彰显着山东地区乃至整个中华民族独特的民族气节和精神特质。

沂蒙精神是一个不断与时俱进的精神品质。它不仅仅只停留在革命年代，也存在于社会主义建设的诸多方面，体现于社会各个不同阶层之中。不论是以前，还是当下，沂蒙精神都是中华儿女重要的精神品质和行为规范。不论在革命战争年代涌现出的“沂蒙红嫂”“沂蒙六姐妹”等女性英雄，社会主义建设时期的“厉家寨精神”“九间棚精神”等，还是新时期沂蒙地区“沈泉压模式”，都体现的是沂蒙人民的群体意识和观念。沂蒙人民团结一心，共同奋斗，打造了坚不可摧的英雄群体和团体。

沂蒙精神作为一种社会意识，也同样诞生于社会实践之中。沂蒙地区的人民群众创造了其不屈不挠的奋斗历史，正是基于这一实践，才诞生了沂蒙精神。沂蒙精神通过中国共产党的精心培育，不断发展和升华，最终成为广大干部群众心中固有的道德品质，成为指引建设美好生活的重要精神动力之一。

三、奉献性

在革命、建设和改革的伟大实践中，沂蒙人民在不断改善自身的生活水平，奔向小康生活的同时，不忘为社会、国家和民族的发展贡献自身的力量。而且，当国家和民族受到威胁时，他们会义无反顾地舍小家为大家。当他们的个人利益和国家民族利益发生冲突时，他们以勇于牺牲和乐于奉献的精神，将国家和民族大义放在首位，甘愿为国家与民族奉献所有。

无私奉献是沂蒙精神的核心，沂蒙山区的淳朴善良的民风造就了一大批先进典型。沂蒙人民爱党、爱国、爱军，他们以实际行动诠释了沂蒙人民无私奉献的精神品质。革命时期，沂蒙人民省吃俭用，用节省下来的粮食支援前线，照顾伤员。他们冒着枪林弹雨，硬是用独轮车撑起了一条人民军队的生命线。除了支援革命，沂蒙人民更是积极地投身革命，与敌人殊死搏斗，保家卫国，诞生了一大批英勇的战斗英雄和革命烈士，留下了许多可歌可泣的英雄事迹和传奇故事。

四、实干性

在革命战争年代，沂蒙人民投身于伟大的革命战争，万众一心，全力支前，涌现出“沂蒙红嫂”等先进支前模范典型。沂蒙人民用小米供养了革命事业，用小车把革命推过了长江，直至革命取得最后的胜利。革命胜利以后，党的中心任务发生了转变，从过去的革命斗争、夺取政权转向社会主义改造和建设。沂蒙人民按照党的要求，坚定不移地走社会主义道路，积极投身于社会主义改造和社会主义建设事业。

在社会主义建设中，沂蒙人民在继承革命传统的基础上，改造自然，涌现出一批先进典型，集中表现出了强烈的主人翁意识和自强不息的艰苦奋斗精神。如厉家寨人民为改变贫穷落后面貌，自力更生，艰苦奋斗，整山治水，修筑梯田。沂蒙人民是在党的领导下，以不屈不挠、前赴后继的实干精神，为社会主义建设作出许多贡献。

进入改革开放新时期，沂蒙老区人民艰苦创业，奋力开拓，建起了江北最大的批发市场临沂批发城，率先在全国老区中实现了乡乡通公路、村村通电通电话，率先实现整体脱贫，创造了令人赞叹的奇迹，开创了革命老区又好又快发展的崭新局面，充分展现了既继承艰苦奋斗、埋头苦干的优良传统，又不因循守旧、敢于创新、敢为人先的新时代精神风貌。

五、时代性

衡量一种文化精神是否具有时代性，关键的因素就在于看其是否符合时代发展的要求。时代性的本质要求在于与时俱进，内在包含着开放性和先进性。沂蒙精神作为党和国家的宝贵精神财富，是党领导沂蒙人民进行英勇抗战的实践结果，虽发端于革命战争时期，但时至今日，沂蒙精神仍历久弥新，随着时代的发展不断丰富自己的内涵，在实践中与时俱进。

在革命战争时期，面对帝国主义惨无人道的掠夺加之封建地主阶级的残酷剥削，摆在沂蒙人民面前的首要的任务就是反帝反封建。当认清了中国共产党的使命、责任、宗旨与特点之后，沂蒙人民踊跃报名参军，舍生忘死拥护人民军队、养育革命后代，关键时刻挺身而出，这一时期突出表现了沂蒙人民爱党爱军、无私奉献的精神品质。

在和平建设时期，沂蒙人民始终传承艰苦奋斗的精神，发扬愚公移山精神，勇于探索，求实创新，充分发挥区位优势，因地制宜，封山造林，绿化荒山，实现率先脱贫，并涌现出王家坊前、高家柳沟、厉家寨等典范地区。开拓创新、艰苦奋斗的精神品格丰富发展了沂蒙精神的时代内涵。随着在实践中的不断发展，沂蒙精神被不断赋予新的内涵，并成为激励中华儿女奋勇向前的强大精神力量。

第四章　沂蒙精神的构成要素

沂蒙精神不是固化的意识形态，而是与时俱进不断丰富和发展的。沂蒙精神是依托沂蒙大地孕育、生长和发展的，在其形成与发展过程中，其与时俱进、常讲常新的时代性自觉将沂蒙精神融入新时代的实践中，不断丰富着其内涵。沂蒙精神是中国红色革命精神的精髓，是中华民族优秀传统文化的缩影，在不同的历史阶段，沂蒙精神博大且系统的要素闪耀着不同的光芒，潜移默化地感染人、渲染人、塑造人，指引着沂蒙人民正确的精神目标和价值追求，激励着党群军民齐心协力，英勇抗战，集中人力、物力和财力治穷致富，取得了革命的伟大胜利和社会主义建设的辉煌成就。

第一节　革命战争时代的沂蒙精神

革命战争时期的沂蒙精神内涵丰富，呈现了沂蒙地区古朴的民风下蕴藏着的群体仁爱博大的优秀道德品质，折射着爱党爱军、艰苦奋斗、无私奉献的民族精神。其中“红嫂精神”“小推车精神”和“支前精神”最为广大群众传颂和赞扬。

一、红嫂精神

红嫂是革命战争时期沂蒙人民救护子弟兵的妇女的泛称。“沂水蒙山遍布红嫂英雄”，红嫂乳汁救伤员的真实事迹和故事传颂山东甚至全国，但红嫂的原型有很多版本，缘于在革命战争时期沂蒙妇女所谱写的一曲曲血乳交融的军民鱼水情的篇章不仅仅是个别事例，所以沂蒙红嫂不只是一个个体，而是一个有血有肉、有情有爱的鲜活群体形象。长期以来比较受大众一致认同的“红嫂”原型是沂南县马牧池乡的聋哑妇女明德英。临沂市依汉镇的鲁中烈士陵园内“红嫂明德英之碑记”，字字苍劲，掷地有声：“一九四一年冬，日寇举五万虎狼之师犯我沂蒙，我军民协力同心，奋勇抗战……一八路战士身伤数处，至横河村外，被哑妇明德英壮救。是时，日寇追逐在前，搜捕于后，而战士失血过多，生命垂危，明德英悉力照顾，喂其乳汁，继而得救……伟哉，明德英之所举可谓惊天地泣鬼神……”

红嫂精神不仅以明德英等人以乳汁救伤员的革命事迹响彻沂蒙山区，还有很多：有为供给八路军粮食，忍痛将自己5岁的小女儿卖掉当童养媳的方兰亭；有为哺育八路军团长陈宏三个月的女儿，而忍痛看着自己孩子因断奶过早而夭折的张志桂；有在国民党反动派残酷的拷打下宁死不屈的女英雄吕宝兰；有“全国女民兵战斗英雄”侍振玉；有著名的“沂蒙六姐妹”（张玉梅、伊廷珍、杨桂英、伊淑英、冀贞兰、公方莲）舍生忘死救伤员、架人桥；“沂蒙母亲”（王换于、祖秀莲）不遗余力抚养革命后代……她们博大无私的精神传颂了中华大地。在著名的孟良崮战役中，沂蒙六姐妹发动全村男女老幼当向导、送粮草、抬担架、推小车支援前线，组织沂蒙妇女烙煎饼、缝军衣、做军鞋、护理伤员。为节省作战时间、掩护战士们顺利过桥，她们组织32名妇女，拆下自家的七块门板，用瘦弱的肩膀和娇小的身躯扛起一块块木板，无私奉献，不顾生命安危，站在冰冷的河水里搭起了一座坚实稳定的人桥。这一块块不起眼的木板和门板，在她们的肩膀上是坚不可摧的，是革命斗争走向胜利的桥梁。据不完全统计，从抗日战争到解放战争，临沂地区妇女共做军鞋315.13万双，做军衣121.68万件，碾米磨面11 715.9万斤，妇女共动员39万人参军，共救护伤员5.9万余人，掩护革命同志9.4万人。这些数字充分体现出沂蒙红嫂朴实善良、无私奉献、艰苦创业的伟大精神。

沂蒙红嫂精神的基本内涵概括出来主要是“忠诚、博爱、自强、奉献”。沂蒙红嫂的精神在革命战争中得到了凸显和升华。中华人民共和国成立后，原中科院哲学社会科学部语言研究所党委书记石明远曾在《沂蒙颂歌》中写道："沂蒙有红嫂，拥军称模范。一兵流血多，乳汁挽命还。""蒙阴六姐妹，事迹实空前。遇河抬浮桥，为战抢时间。"刘知侠写的短篇小说《红嫂》让人们从此记住了红嫂明德英，之后由此改编而成的现代京剧《红嫂》和舞剧《沂蒙颂》，轰动了整个山东，甚至全国。"红嫂"这一响亮的名字成为沂蒙妇女拥军爱军模范的代称，从此家喻户晓，经久不衰。1964年，毛泽东在观看《红嫂》后，表示学习以"红嫂"为代表的"红嫂精神"，并要求名扬全国。

红嫂精神是沂蒙精神最具象征性的标志，是在革命战争年代沂蒙妇女质朴品质和高尚品德的折射和升华，是一种自觉的优秀高尚的群体意识，是中华民族优良传统的集中体现。她们勤劳勇敢，智慧善良，深明大义，无私奉献，书写了一部部革命烽火时代送子参军、助夫远征、乳汁救军的可歌可泣的革命斗争篇章。

二、小推车精神

开国少将石一宸同志曾在1998年4月作《忆沂蒙人民支前》："碾米做鞋抬担架，脚小远征不亚男。运送粮草千斤重，沂蒙男儿焉等闲！军民联袂战淮海，车轮滚滚下江南。山东大爷不停步，笑挽春妮肩并肩。"较为生动全面地呈现革命战争时期沂蒙精神所折射的支前景象，也在一定程度上诠释了小推车精神的优秀品格。《双堆集作战总结》中说，作战中的物资供应，是达到较圆满之要求的，无论在粮食、弹药的接济，还是医疗、救护等方面，都未感到意外的特殊困难，这是此次作战胜利的有力保障。正是沂蒙人民的小推车，才保障了我军作战物资的及时供应，给前线的胜利提供了坚实的物资保障，这是革命战争取得胜利的重要前提。

尤其是解放战争三大战役中规模最大的淮海战役，是沂蒙人民全面支援中国解放事业而取得的伟大胜利，是一场真正意义上的人民的战争。淮海战役的序幕刚刚拉开，当时仅600万人口的沂蒙地区，就出动常备随军民工34万人、临时民工140余万人，用11万辆小车、大车，将后方妇幼昼夜加工而成的1.4亿公斤粮食、35万公斤食油、43万公斤猪肉、36万公斤盐、数十万斤马料、百余万双军鞋源源不断地送往前线。“大军连营七百里，村村灯火到天明。”正是沂蒙人民无私奉献的真实写照。沂蒙儿女不畏艰难、无私奉献，顾国家大局、不惜牺牲自我，经历了血与汗、生与死的革命考验，在抗日战争和解放战争中用小推车一步一个脚印踏开了全国革命胜利的伟大道路。正如陈毅同志在总结淮海战役时感慨：“淮海战役的胜利是人民群众用小推车推出来的。”“我进了棺材也忘不了沂蒙山人，他们用小米供养了革命，用小车把革命推过了长江。”小推车精神是沂蒙人民不畏艰险、艰苦奋斗、无私奉献品质的升华，是沂蒙精神中顽强革命意志的缩影。

三、支前精神

抗战时期和解放战争时期，八路军第115师、第一纵队和新四军军部、华东野战军总部都曾长期驻扎在沂蒙根据地。在沂蒙这片红色的革命沃土上，沂蒙人民不怕流血、不怕牺牲，以激昂的革命热情投奔到战场，支援前线。当时，沂蒙根据地内提出的口号是：砸锅卖铁也要支援前线。这就足以看出沂蒙人民在革命战争中表现出的坚定信念和无私奉献、不畏艰难的伟大革命精神。正如上文所述，仅解放战争时期，当时全区有20多万人参军参战，120多万人参加支前。

淮海战役刚刚拉开序幕，沂蒙地区当时仅600万人口就出动了常备随军民工34万余人，临时民工140多万人，11多万辆小推车、大车日夜兼程将后方妇女们昼夜加工而成的1.4亿公斤粮食、35万公斤食油、43万公斤猪肉、36万公斤盐、数10万斤马料、百余万双军鞋等物资源源不断地送往前线。抗日战争和解放战争期间，沂蒙地区曾发生过大大小小的战斗有4 000余次，在沂蒙英勇就义牺牲的革命战士就有6万多名，而其中就有近3.1万名英烈是临沂籍的沂蒙人。在解放战争中，沂蒙人民倾其所有，在所不惜，破家支前。为了夺取孟良崮战役的胜利，世世代代“以食为天”的蒙阴人民毅然决然地割下出了穗的小麦，扒掉了新房上的屋草，提供了数十万斤的马料。仅解放战争时期，全区有31 000多名沂蒙儿女献出了自己宝贵的生命。支前精神是沂蒙精神的精髓，是沂蒙人民不畏艰难、不怕牺牲、无私奉献品质的精华。

第二节　社会主义建设初期的沂蒙精神

中华人民共和国成立后，党的中心任务是恢复生产和经济。在这一时期，沂蒙人民表现出对幸福生活的美好向往和对目标执着追求的精神面貌，继承和发扬战争年代的革命热情和拼搏精神，鼓足干劲，力争上游，自力更生，艰苦创业，坚定不移地建设社会主义，涌现出了许多先进典型。如全国著名劳动模范吕鸿宾在莒县创办山东省第一个农业互助合作社；莒南县王家坊前村发动群众投资解决农业合作社生产资金不足的经验；高家柳沟青年团支部组织农民学文化的创造性工作；莒南县厉家寨发扬愚公移山精神，治山治水整地共同致富。

1957年，全国进入轰轰烈烈的社会主义建设的高潮，毛泽东同志号召全国人民发扬愚公移山精神，不畏艰难，不怕困苦，自力更生，艰苦奋斗，建设社会主义。“愚公移山，改造中国，厉家寨是一个好例。”这是毛泽东于1957年10月9日在《山东省莒南县厉家寨大山农业社千方百计争取丰收再丰收》的报告上写下的重要批示。厉家寨，就是沂蒙山区农业战线上涌现出的一个艰苦创业的先进典型。厉家寨精神随后成为社会主义建设时期沂蒙精神的典型代表。

厉家寨，地处鲁东南山区，是一个典型的贫穷山村。中华人民共和国成立前，这里穷山恶水，自然环境恶劣，全村6 500亩的山岭，农用土地稀少且贫瘠，大片山岭支离破碎，90%是石渣地，土质差，水土流失严重。一遇洪水每年的几百亩地连同庄稼一起被冲走。农业实现合作化后，在村党支部的带领下，全村几百人团结起来，以坚韧不拔的精神，艰苦奋斗，克服各种困难，两年削平了10个山头，凿通了3道山岭，修成了11座小塘坝，闸山沟2 000余道。通过深翻整地，把1 000多块零碎地片修成了118块高标准水平梯田，控制了水土流失，农业生产连年丰收。1956年，粮食亩产达到274公斤，超过了《全国农业发展纲要》确定的亩产250千克的目标。

1957年毛泽东“愚公移山，改造中国，厉家寨是一个好例”的批示，极大地鼓舞和激励了沂蒙人民在沂蒙大地上展开大规模的治山治水整地运动。到1964年，先后治理3 310多座个山头，改造300多万亩贫瘠丘田，植树造林200多万亩，兴建大中型水库30多座、小型水库2 433座，修筑塘坝15 603座，修建引水工程、排灌建筑物9 000多处，建成水渠3 135千米，有效灌溉面积达到235万亩，控制水土流失面积7 646.7平方千米，水稻种植面积达90多万亩。沂蒙人民一铁锨一榔头顽强拼搏、坚持不懈，在两千多个日日夜夜里，控制了沂水和沭河的洪水，使临沂地区的自然面貌得到了极大的改善，水土流失减少，农业稳步增产，沂蒙地区的生产生活条件也有了极大的提高，为以后临沂地区的发展打下了坚实的基础。就连“农业战线上的一面红旗”大寨村的党支部书记陈永贵，也来到厉家寨学习参观，并不无感慨地说：“厉家寨治山治水整地是我的老师。”从此，“愚公移山，改造中国”，成为全国人民能动地改造恶劣自然环境的座右铭，厉家寨精神也因此传颂到祖国的每一个角落。

第三节　改革开放时期的沂蒙精神

进入改革开放新时期，沂蒙人民秉承艰苦奋斗、无私奉献、敢为人先的革命精神，解放思想，大胆尝试，坚定信念艰苦创业，开拓锐取谋发展。在这一时期，沂蒙精神突出以“九间棚精神”“沈泉庄精神”“经济开发区精神”和“兰田商城精神”为代表。

一、九间棚精神

平邑县九间棚村坐落在海拔640米的龙顶山上，四面悬崖，曾因先人居住在九间洞穴内而得名，原是沂蒙山区一个自然环境和生产生活条件相当恶劣的特困山村，过去人们常用“上山无路走、旱天无水吃”这样的辞藻来形容该村的落后面貌。1984年年底，共产党员刘加坤任该村党支部书记，他带领村上的9名党员和村民苦干七年，在山上修路架电，植树造林，将3千米外的卧龙泉水引上了山，实现了盘盘山路在山涧、家家户户有水电的目标，在这片荒山秃岭上开辟出了脱贫致富的新道路，成为新时期全国农业战线艰苦创业的先进典型，被誉为“九柱擎天”。后来形成了闻名全国以“开拓进取、艰苦奋斗、坚韧不拔、无私奉献”为基本内涵的“九间棚精神”。

1987年至1988年，九间棚村又新建蓄水池塘28个，新修环山路8千米，完成全部石砌渠工程，4个自然村和3个山头全部通了水，实现了“路跟渠、渠带路，母子水池满山布；灌农田、浇果树，洗衣做饭水到户”。同时，新栽果树、用材林、防护林10万多棵，过去的荒山秃岭变成了绿荫“花果山”。李子超于1990年4月10日作于平邑的《重游沂蒙山》之三《九间棚》中写道：“大路盘盘水电通，高山顶上一明星。惊人业绩见才信，苦斗坚持七载功。”宋平来九间棚视察工作，身为沂蒙地区的莒县人，他看到九间棚取得的成绩而感到欣慰和自豪，并对九间棚人艰苦创业、自力更生的精神给予了高度评价。

1991年起，九间棚人开始了山上发展农林果，山下办厂建企业的发展之路。山上由规模承包的专业户发展果品，山下先后建起花岗石厂、机械配件厂、金银花茶厂等企业，并转移了本村的剩余劳动力，达到了全村“同致富、齐发展”的共同目标。1999年以后，该村党支部提出“实践‘三个代表’，进行二次创业”的发展思路，引进国内外最先进的农业技术，建立了北京等九处农业科技园区，培育新品种，推广新成果。九间棚村从一个穷山恶水的山岭村变成全国文明村和富裕村，整个村变成了一个系统庞大的企业集团。

九间棚人艰苦创业、自力更生、务实进取，凝聚群众的力量齐进步、共发展，唤起村民治穷致富的坚定信念和必胜信心。九间棚精神的实质可用四句话来概括：自力更生、艰苦创业，立足本地、综合开发，无私奉献、齐心合力，科学发展、科技推进。“吃苦、吃亏、实干、开拓”就是九间棚精神的集中表现。它既涵盖了新时期改革开放的时代意识，又传承了矢志不渝的革命精神，是沂蒙精神的生动体现，是改革开放新时期艰苦创业的一面鲜艳的旗帜。

二、沈泉庄精神

临沂罗庄镇沈泉村（现罗庄区沈泉庄）原村支部书记王廷江把自己靠党的优惠政策艰苦创业经营得来的数百万元捐给集体办起乡村企业，并带领全村群众一改落后面貌。1 600位多村民放下锄头，走进工厂，共同走上了致富之路，使沈泉村成为“沂蒙第一村”。1992年7月，江泽民到临沂地区考察工作，临沂市罗庄镇沈泉庄村党支部书记王廷江汇报了沈泉村的事迹后，讲了三句话，让人们记忆深刻：“第一句，我托党的福就要报党的恩；第二句，我当家就一定要体现社会主义制度的优越性，要叫老百姓都说共产党好；第三句，一个人活在世上，就要干一番事业，财富生不带来、死不带去，不能只为财富而活着。”

中国加入世贸组织后，沈泉庄村办企业华盛江泉集团大胆走出国门，打国际牌，进军海外市场。在美国、澳大利亚等发达国家内成立办事处，发展拓宽建材市场。与几内亚建立木材市场，在临沂发展木材加工业，一举成为亚洲最大的非洲原木进口商。王廷江趁热打铁，不敢耽延创业时机，随后便大胆投资500万在尼日利亚建立投资贸易公司，在非洲市场华盛江泉生产的日用瓷占到整个市场的68%。现如今，由村办瓷器厂转身蜕变成中国强企华盛江泉集团，由局限在村庄办厂到涉及世界五大洲的27个国家和地区设立办事机构，由依靠进口的小企业发展成为出口为主的世界企业，由单一瓷器产业发展成涉及陶瓷、木材、肉制等多种产业，一举成为山东省进出口百强企业，多年连续荣登中国500强企业之列。王廷江曾说："沈泉庄的今天是靠艰苦创业发展起来的，发展经济的目的就是为村民谋利益。"王廷江带领沈泉庄村民一心一意谋发展，共同致富，走向世界的先进事迹广为人传，这种开拓奋斗、大胆创业、敢为人先、饮水思源的沈泉庄精神也传遍神州。

三、经济开发区精神

2003年6月，临沂经济开发区在山东省政府的批准下于临沂市城区东南部启动建成，2010年12月经国务院批准为国家级经济技术开发区。近年来，临沂经济开发区围绕打造全市"经济发展先导区、现代标志区"这一目标，结合实际提出了建设"科技创新之区、现代工贸之区、名牌集聚之区、生态旅游之区、文明和谐之区"的总体工作思路。随着全球化经济的进一步发展，经济开发区面对严峻的经济形势，艰苦创业，开拓创新，利用科技创新、体制创新保持了强劲的发展势头，稳步迈入科学发展的快车道。坚持科学发展观统揽全局，全面致力于打造"现代标志区"，实施"科技创新之区、现代工贸之区、名牌集聚之区、生态旅游之区、文明和谐之区"的"五区"战略。

2008年，开发区经济指标一举实现了"三年翻两番"的跨越式目标。这个生机盎然、前景光明的"现代标志区"在2010年成为山东省增速快、成长快的开发区，实现了综合经济实力的新飞跃。开发区带领临沂人民开拓创新，自力更生，对外招商引资，实行高位竞争的产业化升级，建立科技含量高、经济效益好、环境污染少的物流业、IT产业、文化产业等支柱产业，打造世界名牌，造就品牌效应。如今开发区已拥有"沃尔沃—临工机械""国人西服"等14个中国名牌和12个山东名牌，初具名牌集聚之区的雏形。经济开发区精神是沂蒙精神艰苦创业、开拓进取、敢为人先的现代写照。

四、兰田商城精神

获得"振兴沂蒙劳动奖章"的王士岭，带领沂蒙人民率先建起大型专业批发市场，成立兰田集团。2007年临沂批发城上市商品达到3万多种，成交额510.75亿元，稳居全国前三位。兰田商城成为临沂地区服务性经济发展的主力军。兰田商城以门类齐全、产品俱全、质量上乘、价格低廉、物流迅速而闻名，但就可持续发展战略而言，兰田商城的国际业务却是一块短板。

根据市委、市政府“建设临沂国际商贸城，打造市场发展新优势”的规划思路，山东兰田集团党委书记、董事长王士岭把握时机，开拓进取，领导集团秉承沂蒙精神义无反顾的革命斗志再次吹响了引领商城国际化的号角。2012年建设临沂港工程，拼箱出口不再转道义乌，这让兰田商城站在了新的起跑线上，标志着兰田商城国际化迈出了突破性的一步。之后，兰田商城抓紧发展时机，与贸促会合作成立中国（临沂）跨国采购中心，600多家国际知名品牌企业成功入驻，从“买全国卖全国”走向“买全球卖全球”，全方位打造实力派、国际化经济战略的先锋队。2013年，在临沂市推进商城国际化过程中，兰田集团先行先试搭起外贸平台和国际网站平台，吸引外商，仅一年时间，就创造了近600万美元的交易额。当前，兰田商城一鼓作气、创新发展，与台湾太平洋集团合作开发太平洋国际广场，建设集外商业务代表处、外贸业务办事处、智能化的云计算产业基地、外商公寓、金融等多功能为一体的国际贸易大厦。

在国际形势变幻的今天，临沂兰田商城走国际化的道路任重而道远，但兰田商城的经验和成绩让兰田商城精神成为我国企业管理的先进理念。兰田商城精神是临沂人在秉承沂蒙精神艰苦创业、开拓进取、与时俱进的品格下，依托党和国家的政策，与时俱进，根据国内外市场需求，分析市场发展潜力，开拓创业，务实团结的先进意识形态。

第五章 沂蒙精神的当代价值

沂蒙精神在革命战争年代、社会主义建设时期、改革开放中，都发挥着巨大的精神动力作用。革命先辈们为民族解放奉献了自己的一切，建设时期的英雄们洒下了顽强拼搏的辛勤汗水，时代精英们为经济社会发展树立起了光耀千秋的历史丰碑。新一代沂蒙人民必将继往开来，高扬沂蒙精神的光辉旗帜，继续创造崭新业绩。

第一节 沂蒙精神与民族精神、时代精神

民族精神是民族生命力、凝聚力的象征，中华民族生生不息，其根源就在于中华民族精神，实现中华民族伟大复兴，必须高扬民族精神的伟大旗帜。沂蒙精神是中华民族精神的具体体现，是我们党的宝贵精神财富，在全面建设小康社会、实现中华民族伟大复兴的进程中，必将发挥新的更大的作用，成为我们继续前进的不竭动力。

一、沂蒙精神是民族精神的集中彰显

作为民族精神在沂蒙地区这片特定区域的彰显和具体表现，沂蒙精神是中华民族精神不可或缺的重要内容。不断创新与发展的沂蒙精神丰富了民族精神的内涵，它不仅坚持了爱国主义这一核心，还融入了时代发展的要求，不断改革创新，这更是坚持社会主义共同理想和共产主义坚定信念的集中体现。

沂蒙精神的产生是基于革命战争年代中国共产党人对于革命实践的不断总结，精心培育而成的一种全新的革命精神。但是作为一种社会意识形态，沂蒙

精神的形成不仅要以现实为依据，更要以历史传统为基础。沂蒙精神也是在充分继承和发扬中华民族优秀传统和历史文化的基础上，通过革命实践的不断检验，逐步完善、提升而形成的。在社会主义革命和建设时期，沂蒙精神都表现出了强大的精神力量和无穷的价值魅力。“爱党爱军”是沂蒙人民爱国主义民族精神的历史沉淀在当今时代的集中展现。沂蒙地区在社会主义革命建设等各个时期都涌现出了一大批具有强烈爱国情怀的仁人志士，正是他们以各自独有的方式谱写了中华民族爱国主义的华美篇章。沂蒙精神正是在一代又一代沂蒙人民艰苦奋斗、自强不息的革命和生产生活实践中被广泛继承和不断发展的。沂蒙人民的奋斗史可以说也是为祖国艰苦创业、无私奉献的历史，在漫长的革命和建设实践中，前赴后继的沂蒙人时刻不忘沂蒙精神，代代践行沂蒙精神。由此，沂蒙精神才可能以不断丰富和发展着的中华民族之精神宝库，不断推陈出新，与时俱进。

与中华民族其他优秀的革命精神和文化一样，沂蒙精神产生于民族精神之中，而不仅仅是局限于民族精神。沂蒙精神还实现了对中华民族优秀传统的突破和发展，将中华民族的优秀精神在各个不同时期以不同的方式呈现出来。这二者是相辅相成的，即中华民族精神是沂蒙精神的源泉和根本，离开了中国传统优秀文化的精神土壤，沂蒙精神会失去根基和基础，发展就会受限制；沂蒙精神发展得越好，中华民族精神才能够更加绚丽多彩，表现出更强大的生命力。

中华文化异彩纷呈，中华民族的精神也具有极其丰富的内容。它是由无数不同地域、不同领域以及不同历史时期的各种具体精神融汇而成，每一种具体精神都是中华民族精神在不同时间和空间的具体呈现。一方面，各个时期、各个领域和地区的具体精神都扎根于中华民族精神这一精神沃土上，都汲取与融合了中华民族精神的精髓；另一方面，它们是这同一根基在不同时期、不同地区和领域所结出的硕果，都有各自独特的风貌与韵味。只有以中华民族精神为根基，各种具体精神形态才能枝繁叶茂、硕果累累。同样，中华民族精神借助于各种具体精神，才得以存在与发展，并历久弥新且与时俱进。

总之，在全面建成小康社会的新历史任务面前，需要将沂蒙精神与中华民族精神、当前时代精神以及新时期的山东精神紧密结合起来，赋予其全新时代内涵和历史使命，使其能够顺利地融入中华民族的精神长河之中，代代相传，为社会主义建设事业提供强大的精神动力与智力支撑。

二、沂蒙精神是中国革命精神的重要组成部分

在漫长的革命历史时期中，中国共产党人领导广大人民群众进行了艰苦卓绝的革命斗争。在这一过程中，产生了诸如井冈山精神、延安精神、西柏坡精神等一系列优秀的革命精神。这些精神由于都产生于中国共产党所领导的革命实践中，相互之间既各有特点，又一脉相承。诞生于中国革命时期时间最长的两个根据地的延安精神与沂蒙精神，充分反映了当时中国革命发展的客观要求，是中国革命精神的典型代表，两者都能够体现出当时中国革命的鲜明主题与时代要求。在社会主义现代化建设的今天，以中国革命精神为基本特性的沂蒙精神不断创新与发展，成为中国革命精神的时代延伸与补充。

中国共产党人将马克思主义与中国革命实际相结合，在根据地探索建设过程中逐步形成了崇高的沂蒙精神。沂蒙精神经过了长期革命实践的检验，在不断完善与提升的基础上，形成了鲜明的政治价值取向和意识形态特点。其服务大局的意识和无私奉献的价值观，都表明了沂蒙精神对于共产主义的执着追求。其所倡导的吃苦耐劳、自强不息等精神品质也体现出中国共产党人独立自主、艰苦奋斗的精神。

包括沂蒙精神在内的各种革命老区精神都是在中国共产党的领导下，经过新民主主义革命创造的，都是以实现共产主义作为最终目标。这些革命精神的产生具有相同的时代背景，所以其基本内涵都相关联、相统一，大致包含爱党爱军、不怕牺牲、自力更生、艰苦奋斗、无私奉献等革命老区人民所具有的高尚品质和崇高价值理念。沂蒙精神与其他革命精神一起，为中国革命的胜利提

供了强大的精神力量，为实现民族独立和国家富强做出了巨大贡献。

三、沂蒙精神是实现“中国梦”的重要动力

习近平同志在十二届全国人大一次会议闭幕会上发表重要讲话表示：“实现中国梦必须弘扬中国精神。这就是以爱国主义为核心的民族精神，以改革创新为核心的时代精神。”2011年6月，李长春在山东考察时强调，沂蒙精神是中国共产党领导全国各族人民在革命战争时期创造的光辉精神财富，现在我们全面建设小康社会更需要沂蒙精神。

沂蒙精神的基本内涵是以爱国主义为核心的民族精神的生动体现，更是以改革创新为核心的时代精神的集中表现。沂蒙精神实现了民族精神和时代精神的协调统一，沂蒙精神既是新时期中国精神的重要渊源，又是民族精神的重要组成部分。沂蒙精神与其他红色革命精神相比，最大的不同就是其主要是由人民群众创造的，以群众性为最基本特点的沂蒙精神是中国梦的重要精神来源。实现中国梦是为了更好为人民谋福祉，而圆中华民族伟大复兴之梦更需要人民群众的共同努力。

沂蒙精神正是中华民族未来长远发展所需要的一种重要精神力量。将沂蒙精神传承并发扬光大，有助于我们振奋精神、锤炼民族气魄，培养信仰和精神支撑，无论是对于沂蒙革命老区，还是对于山东省，乃至对于整个中华民族的未来发展，都具有重要的意义。沂蒙精神对于实现中国梦具有如下几个方面的积极意义：首先，纽带和维系民族团结的作用。沂蒙精神是中华民族集体智慧的结晶，是中华各族儿女共同的精神宝藏。也正是通过沂蒙精神能够将各个民族的人民群众紧密团结起来，同甘共苦。其次，激发和指引作用。沂蒙精神作为一种社会意识，具有影响人的社会行动的作用。它能够激励中华儿女斗志昂扬，团结奋进，从而引领整个民族实现富强民主的宏伟蓝图。最后，底线作用。沂蒙精神作为一种高尚的民族精神，能够为培养中华儿女自信崇高的精神品质提供源泉，是中华民族品格的重要底线和保障。

伟大的事业需要并将产生崇高的精神，崇高的精神支撑和推动着伟大的事业。中华民族艰苦奋斗的历史铸就了伟大的沂蒙精神，当前实现中国梦更需要沂蒙精神的支撑和推动。

第二节　沂蒙精神与改革开放

虽然沂蒙精神产生的历史语境已经发生了变化，但是，沂蒙精神的基本实质，依然具有生命力，只要恰如其分地弘扬和实践，就可以把沂蒙精神融入改革开放新时期的各项工作中去，在发展实践中，成为连接党员干部和普通民众的共同精神纽带，变成推动改革开放更新精神观念的动力源泉，是建设社会主义核心价值体系的精神财富和有力保障。

一、沂蒙精神是开展党的群众路线教育的需要

沂蒙精神的丰富内涵彰显了中国共产党同人民群众的血肉联系，反映了党的一切为了人民、依靠人民、植根人民，通过宣传、动员和教育，领导人民夺取新民主主义和社会主义革命胜利的艰辛过程；同时，反映了人民群众信任、热爱中国共产党，紧跟党的步伐，自强不息，顽强奋斗的历史进程。“一切为了群众，一切依靠群众，从群众中来，到群众中去”的群众路线，是事关党的生死存亡的重要工作路线，同时也是沂蒙精神的精神主线。在革命时期驻扎在沂蒙根据地的广大党政军干部，扎根基层，到群众中去，积极地为人民群众服务，为群众谋利益，不惜抛头颅、洒热血。这些都构成了沂蒙精神的重要内容。

当今时代，继承和发扬沂蒙精神，对于解决人民群众的信仰、信念和信任问题，督促广大党员干部践行群众路线，加强群众工作，密切党群关系等具有巨大的现实意义。历史也充分证明了中国共产党人践行沂蒙精神的价值：在抗日战争中赢得民族的独立，在解放战争中实现人民当家做主，在改革开放中带

领人民脱贫致富。可以说沂蒙精神以前需要，现在更需要。它将永远是党和人民军队践行群众路线、实现中华民族伟大复兴的不竭动力。

继承与弘扬沂蒙精神，是继续保持党的优良传统，坚持党的优良作风的重要保障；是加强党的建设新的伟大工程的重要方面，对于提高广大党员干部的纯洁性，增强其拒腐防变的能力，与时俱进，不断创新具有十分重要的作用。在当前正值全面建成小康社会的新时期，中国共产党人更要继续传承与发扬沂蒙精神，在不断加强自身建设的同时，带领广大人民群众积极投身社会主义建设事业中去，为取得社会主义建设新胜利而奋斗。在这一过程中，最重要的是要把践行沂蒙精神真正落到实处，坚持全心全意为人民服务，脚踏实地、求实创新。

沂蒙精神蕴含的“一切为了群众、一切依靠群众、一切服务群众”的理念，无论是在革命、建设还是改革各个时期，都对广大党员干部产生巨大的吸引力和激励作用，沂蒙精神的践行在广大人民群众中产生了极大的感染力和高度的信任感。在新的时代背景下，继续坚持传承与发扬沂蒙精神，有利于各级党员干部坚定共产主义信念和社会主义共同理想，把人民的意愿作为一切工作的出发点，坚持真正做到权为民所用、情为民所系、利为民所谋，切实让改革发展的最新成果惠及广大百姓，以此来获得维系社会主义政权的最牢固、最可靠的群众基础和力量来源。

二、沂蒙精神是更新观念改革创新的动力

沂蒙精神的影响力想要得以延续，必须做到与时俱进、不断自我创新和发展。新时期的沂蒙精神，正是沂蒙人民在社会主义现代化建设伟大实践中，继承优秀的传统精神，推陈出新、锐意进取，创造出的新精神。沂蒙精神所包含的艰苦奋斗、勤俭节约的内涵，不仅在过去物质贫乏的年代值得提倡，对于当前我国生产力水平仍然不高、经济水平有待进一步提高的情况下，这些精神特质同样必不可少，且弥足珍贵。秉持传统的新沂蒙精神，为改革开放和建设社

会主义民主政治、市场经济以及和谐社会提供强大的动力和支持。

新时期的沂蒙精神不仅源于传统，更反映出一定的时代特征。融合了时代精神的精华，兼收并蓄，充分体现了其与时俱进的特点。尤其是在社会主义建设时期，在确立经济建设为中心，进入改革开放时期以来，沂蒙人民不断地自我突破和发展。坚持实事求是、解放思想，淘汰旧有观念，破除旧制度的禁锢；思想上坚持辩证唯物主义的指导思想，摒除封建的、计划经济等旧观念束缚，坚定共产主义信仰。在确立正确的指导思想和价值观之后，又通过脚踏实地的建设活动，促进了沂蒙地区政治、经济、文化和社会等各项事业的全面进步。

改革开放以来，沂蒙地区发生了翻天覆地的变化。不仅体现在经济的飞速发展和社会的快速进步方面，更重要的是人们思想观念的不断升华和与时俱进。从过去的思想保守、观念落后，不容易接纳新事物，到如今兼容并包，海纳百川。临沂人民不仅把家园建设得好，更有许多人“走出去”，诞生了一大批如刘加坤、赵志全等著名的企业家和一大批成功人士，成为临沂改革开放时期的模范代表。伴随着社会主义建设的进一步推进，在中国共产党实事求是、与时俱进思想的指引下，临沂人民逐渐适应改革开放的步伐，不断转变思想，在社会生产和生活中发扬吃苦耐劳的沂蒙精神，为临沂地区的发展增添了新的动力，带来了新的飞跃。

三、沂蒙精神是社会主义核心价值体系建设的宝贵财富

沂蒙精神作为中国共产党、中国人民和中华民族的宝贵精神财富，其与社会主义的核心价值体系是一脉相承，相互统一的。沂蒙精神和社会主义核心价值体系是马克思主义思想在不同时代的延续和集中体现，两者都是在马克思主义思想指导下的，中国共产党人领导的实践中产生的，沂蒙精神也是社会主义核心价值体系的重要来源和基础。社会主义核心价值体系也是在继承和总结沂蒙精神等一系列中华民族优秀精神的基础上产生的。沂蒙精神经过长期的历史

实践检验，其所蕴含的“爱党、爱国、爱军”思想是民族精神的重要内容。同时，新时期的沂蒙精神也是社会主义核心价值体系的具体表现，是其重要的组成部分，体现了社会主义核心价值体系中改革创新的时代精神的本质要求。

沂蒙精神作为社会主义核心价值体系的重要组成部分，由于其革命精神的本源，其内涵必然包括在革命实践中产生的红色文化。当前红色旅游等红色文化发展的繁荣，从一个侧面反映出了社会主义核心价值体系能够满足时代需求，具有时代特征。同时，红色文化的繁荣也会进一步推动社会主义核心价值体系的完善与发展，其所包含的各种社会主义核心思想也将进一步深入人心。

沂蒙精神当中蕴含着正确的价值观和高尚的精神品质，这些都是社会主义核心价值体系得以产生的肥沃土壤。一直以来，沂蒙地区的人民群众总是舍小家，顾大家，时刻将国家和民族的利益放在首位，以集体利益为重。无论是在危机四伏的革命年代还是和平的建设时期，沂蒙地区的人民都一直默默牺牲、无私奉献，为革命胜利和改革开放取得的辉煌成就做出了巨大的贡献。沂蒙人民所表现出的这些高贵的精神品质和崇高的价值观，不仅是中华传统优秀文化的延续，更是中国共产党人优良革命传统和精神的传承，这些最终都促成了社会主义核心价值体系的建立与发展。

继续传承和发扬伟大的沂蒙精神，有利于丰富社会主义核心价值体系的内容，完善体系建设，同时也有助于进一步推动马克思主义中国化的创新与发展，有助于民族精神和时代精神的统一与相互促进，坚定社会主义的共同理想，切实推进践行社会主义荣辱观。

四、弘扬沂蒙精神，有助于在市场化进程中增强道德意识

弘扬沂蒙精神，有助于我们在市场化进程中增强道德意识，这对于捍卫道德价值和拯救人的心灵具有重要意义。在一定意义上，市场经济乃是在人与人之间对稀缺资源进行配置的一种最有效率的制度安排。它无疑能够带来巨大的物质财富，并且构成现代化的经济基础。但毋庸讳言，市场经济也会在道德

方面产生负面效应。随着市场经济体制的建立，我们社会出现了部分同志道德滑坡的现象。重视道德建设，狠抓道德建设，为整个社会提供价值坐标，可以使人们过一种有尊严的生活。道德的重建依赖于各种条件，其中之一就在于文化上的寻根，包括传统精神资源的唤醒。因此，对于道德建设，沂蒙精神无疑有其不可替代的作用。

五、弘扬沂蒙精神，有助于我们在全球化进程中增强文化建设

弘扬沂蒙精神，有助于我们在全球化进程中增强文化建设，这对于文化自觉和文化自信具有重要的意义。全球化是一把“双刃剑”，它既带来了物质、能量、信息的广泛流动，带来了人们的普遍交往，带来了文化的传播、融汇和发展，同时造成了文化的匀质化，威胁到文化多样性的格局。为了维系地域文化的价值，也是为了整个人类文化的可持续发展，最大限度地发掘并弘扬地域文化，就成为应对全球化冲击的一个不可或缺的步骤。包括沂蒙精神在内的民族精神的挖掘和弘扬，是捍卫中国文化传统的一个重要侧面和步骤，是保持中华民族特有文化记忆的一个重要路径。这种挖掘和弘扬本身，就是获得文化自觉和文化自信的过程。因为通过它，我们才有可能把全球化同西方化剥离开来，建构起平等对话的格局。

六、弘扬沂蒙精神，有助于在经济建设和实际工作中不断地开拓进取、奋斗拼搏

弘扬沂蒙精神，有助于我们在经济建设和实际工作中不断地开拓进取、奋斗拼搏。牺牲、奉献和奋斗，艰苦朴素、任劳任怨、坚忍不拔……所有这些精神品质，不仅是革命战争年代所要求的，也是和平建设时期特别是经济发展、市场竞争的过程所需要的。同西方的现代化过程相比，我们的现代化存在着两个特点：一是中国没有像西方那样的宗教传统，社会的价值系统主要依靠以血缘关系为基础的伦理秩序来维系；二是经济崛起过程过于短促，使得我们来不

及在文化上达到足够的成熟，以至于出现一种“富得快”后遗症。经济交往的广泛社会化，正在日益深刻地解构着价值的基础。如何最大限度地抑制拜金主义、利己主义、享乐主义、极端个人主义的蔓延，成为拯救价值世界的关键。在这方面，沂蒙精神不仅能够提供一副有效的“解毒剂”，而且能够成为促进经济和社会健康发展的精神动力。

第三节　沂蒙精神对中国梦的激励价值

沂蒙精神具有极大品牌价值。无论是对走中国道路、发扬中国精神还是凝聚中国力量，沂蒙精神都具有丰富的激励价值，是我们坚持中国特色社会主义道路的信念支柱，是实现中华民族的伟大复兴的道德根基，是国家与时俱进、兴旺发达的不竭精神动力。

一、信仰激励价值：沂蒙精神蕴含的坚定地跟党走，为社会主义和共产主义奋斗的共同信仰是我们坚持中国特色社会主义道路的信念支柱

沂蒙精神集中体现了沂蒙人民的政治信仰、精神风貌，是一面高扬的旗帜，具有重要的导向作用。它引导人们在复杂的环境中，明辨是非，认清方向，坚信党的领导，坚定不移地走社会主义道路。这对于坚定不移地贯彻党的基本路线、实现中国梦有十分重要的意义。

沂蒙精神是在党的积极引导培育下形成的宝贵精神财富，内涵极为丰富。但其核心内涵是坚信党的领导、为共产主义事业奋斗而毫不动摇的崇高政治信仰，这个核心充分体现了沂蒙人民信任党、热爱党、紧跟党的坚定不移的理想信念。在这种共同信仰的伟大力量支撑下，沂蒙人民在抗日战争时期万众一心投入民族独立和解放运动，解放战争时期车轮滚滚支援前线，中华人民共和国成立以后坚定不移地建设社会主义，现阶段搞改革开放、大力推进社会主义现代化建设。沂蒙人民以自己的实际行动实践着把社会主义不断推向前进，最终

实现共产主义的崇高理想，始终坚持崇高的理想和坚定的信念，不断增强战胜困难与挑战的决心和信心。沂蒙人民就是靠着这种共同的信仰，开拓奋进，取得了举世瞩目的辉煌成就。以临沂市的发展为例，1995年临沂市率先在全国老区中实现整体脱贫，2004年又再一次率先在全国革命老区中实现经济总量过千亿、人均过万元的新跨越，2012年临沂综合实力跨入全国地级城市50强。目前，临沂市正朝着建设闻名全国的商贸物流城、历史文化名城和山水生态城的发展目标迈进。今天临沂的不断发展就是沂蒙人民坚定走中国特色社会主义道路，坚持理想和信念、不断开拓奋进的结果。

伟大事业需要伟大精神，伟大精神推动伟大事业。中国革命、建设、改革证明，坚定共同的信仰，就能凝聚起无坚不摧、战无不胜的伟大力量。沂蒙精神蕴含的坚定地跟党走，为社会主义和共产主义奋斗的共同信仰历经岁月淘洗从不褪色，历尽千难万险从不动摇，其精神意义已经远远超越了沂蒙山的范围，成为可以穿越时代和跨越齐鲁大地的全党全民族共同的伟大“集体精神”。当今时代，国情、党情发生了深刻变化，社会思想文化多元，社会管理形势复杂多变。面对前所未有的新形势，尤其需要弘扬沂蒙精神，使广大人民群众牢固树立共产主义理想、坚定走中国特色社会主义道路的信念，并自觉把这一理想和信念转化为建设中国特色社会主义的实际行动，正确应对实现中国特色社会主义共同理想中遇到的困难，正确处理社会主义现代化建设过程中存在的各种矛盾，积极为实现共同理想创造有利的社会条件，激励人们为实现社会主义现代化建设的宏伟目标、实现中国梦而努力奋斗。

二、道德激励价值：沂蒙精神中的艰苦奋斗、无私奉献的精神是实现中华民族伟大复兴的道德根基

艰苦奋斗、无私奉献是在特殊时期、特殊环境下形成的，是沂蒙精神生生不息的源泉，体现了一种崇高的思想道德境界，涵盖了沂蒙人民顾全大局、公而忘私、自我牺牲、甘于奉献的价值取向。在中国革命和建设的各个时期，沂

蒙人民时时以国家、集体和人民的利益为重，处处从大局出发，先国家，再集体，后个人，先公后私，勇于自我牺牲，无私奉献。当前弘扬沂蒙精神，对于实现中国梦、实现中华民族的伟大复兴具有崇高的道德激励价值与意义。

道德是一种社会意识形态，是人们共同的生活及其行为的准则和规范，代表着社会的正面价值取向。按列宁的说法，道德是为人类社会提高到一个新的阶段服务的。为共产主义事业而奋斗，就是共产主义道德的基础。既要变革现实，艰苦奋斗，又要代表未来，具有革命的理想，这就是共产主义道德的两个突出的特点。所以，恩格斯把无产阶级的共产主义道德定义为："现在代表着现状的变革、代表着未来的那种道德，即无产阶级道德。"以艰苦奋斗、无私奉献为主要内容的沂蒙精神，体现了无产阶级为人民服务的精神，反映了共产主义的道德，具有崇高的道德激励价值与意义。这主要表现在以下几个方面：首先，树立集体主义道德，摒弃形形色色的个人主义思想。沂蒙精神处处闪烁着革命第一，工作第一，他人第一，全心全意为革命无私奉献的集体主义精神。前些年，在道德领域内"为个人主义正名""人的本性是自私的"等谬论，严重腐蚀了人们的思想，而弘扬沂蒙精神，有利于人们树立集体主义无私奉献的价值观，促进社会风气的好转。其次，树立艰苦创业的观念，批判享乐主义思想。革命要艰苦创业，建设也要艰苦创业。邓小平同志多次强调，中国搞四个现代化，要老老实实地艰苦创业。我们穷，底子薄，教育、科学、文化都落后，这就决定了我们还要有一个艰苦奋斗的过程。享乐主义是剥削阶级的人生观，任何时候都是要反对的。沂蒙人民自力更生、艰苦奋斗、治穷治愚、战天斗地的精神，永远值得我们学习。最后，树立廉洁和勤政观念，反对腐败现象。廉洁和勤政是党政干部必备的职业道德，也是取信于民，保持党与群众密切关系的重要保证。在沂蒙山区根据地，在全国各地，各级干部都只有为人民服务的义务，而没有脱离群众的权利。党政团结，军民一家，水乳交融。弘扬沂蒙精神，在当前的新形势下，特别要反对腐败现象和不正之风，恢复和发扬党与群众的血肉联系。

新时期大力弘扬沂蒙精神，对于提高人民群众的思想道德素质，推动社会文明程度的提高，实现中华民族的伟大复兴具有强大的示范和引领作用。以沂蒙精神引导，人们可以正确判断行为得失、善恶美丑，确定价值取向，做出道德选择、利益取舍，摈弃那种好逸恶劳、骄奢淫逸、背离人民的错误价值观，让沂蒙精神真正深入人心，转化为人们内心的规范，成为思想行为的指南。

三、创新激励价值：艰苦创业、开拓创新是国家与时俱进、兴旺发达的不竭精神动力

沂蒙精神是沂蒙人民在长期的革命和建设实践中形成的先进的群体意识。马克思主义认为，群体意识是社会意识的一个独特部分，是某一群体本身特定的环境、活动及其与整个社会生活的关系的反应。群体意识对社会群体实践活动具有创新功能。沂蒙精神是沂蒙人民在群体实践中所形成的宝贵的精神财富，又指导着人们的实践活动，引导人们去创造新的物质财富和精神财富。

艰苦创业、开拓创新是沂蒙精神的灵魂，是沂蒙精神发展的不竭动力。沂蒙精神的发展经历了萌芽、生长和成熟三个阶段，这三个发展阶段沂蒙精神的创新功能不断发展和实现。抗日战争和解放战争时期是沂蒙精神的萌芽阶段，在这一阶段沂蒙精神的创新功能体现为：在党的领导下，沂蒙儿女踊跃参军，牺牲奉献，为中华民族的解放做出了可歌可泣的贡献，涌现出了许许多多的战斗英雄和用乳汁救伤员的“红嫂”式的拥军支前模范。中华人民共和国成立后，在全面建设社会主义的过程中，沂蒙精神得到新的发展。沂蒙精神的创新功能在这个阶段表现为：沂蒙人民在党的领导下，自力更生，艰苦创业，改造山区的落后面貌，建设自己的美好家园。在这期间，产生了愚公移山、改造中国的典范莒南县厉家寨，出现了朱富胜、吕鸿宾、李以丰等全国著名的英雄模范人物。改革开放以来沂蒙精神经过长期发展达到成熟阶段，其创新功能主要表现为：在党的领导下，沂蒙人民大力弘扬沂蒙精神，辛勤劳动铺设文明富裕之路，促进了物质文明和精神文明的建设。这时期也涌现出一大批具有时代特

色的先进典型。平邑县九间棚村党支部书记刘加坤，率领群众自力更生、艰苦奋斗，为海拔600米的山顶上的一个仅有180多口人的小村庄架上电，修了路，通了水，使它走上发展商品经济的道路。

沂蒙精神的创新功能蕴涵着丰富的精神能量，激励沂蒙人民艰苦创业、开拓创新，取得了一个个令世人瞩目的业绩，一举摘掉了贫困地区的帽子，在全国18个连片贫困地区中率先实现整体脱贫。在改革开放和现代化建设的新时期，沂蒙人民继承优良传统，赋予艰苦奋斗以新的时代内涵，发扬致富思源、富而思进、与时俱进、开拓创新的精神，在坚持中国特色社会主义道路、实现中华民族伟大复兴的中国梦道路上有着不可忽视的激励作用。当前，弘扬沂蒙精神是凝聚沂蒙人民强大精神力量的迫切需要，是沂蒙社会发展的需要，是全面建设小康社会、实现沂蒙地区社会主义现代化的内在要求。弘扬沂蒙精神，可以把人们的意志和力量凝聚起来、精神振奋起来，充分调动人民群众的积极性，使之成为国家与时俱进、兴旺发达的强大动力。

四、人本激励价值：沂蒙精神践行的全心全意为人民服务的宗旨和人本理念是凝聚中国力量的价值观基础

以人为本是中国共产党的执政理念，本质上就是全心全意为人民服务的思想，也就是群众路线思想，即一切为了群众，一切依靠群众，从群众中来、到群众中去。沂蒙精神是我们党在长期革命斗争中逐渐形成、发展起来的光荣传统和作风，也是我们党以人为本、全心全意为人民服务的群众路线的集中体现。以“爱党爱军，开拓奋进，艰苦创业，无私奉献”为主要内容的沂蒙精神，从其产生至今都始终践行着以人为本的理念和全心全意为人民服务的宗旨，并发挥了巨大的人本激励价值。

不管历史如何变迁，社会怎样变化，沂蒙精神在各个不同的历史发展阶段中都始终践行着全心全意为人民服务的宗旨，注重人的主体性，以人为本，发挥人的能动性、积极性、创造性。在革命战争年代，沂蒙精神的主要表现是

"爱党爱军，无私奉献"，其典型代表就是"红嫂""沂蒙六姐妹"式的拥军模范。在社会主义建设时期，沂蒙人民以主人翁精神艰苦创业，开山劈岭，治山治水，向贫穷和愚昧宣战，改造了社会落后面貌；愚公移山、改造中国，发挥了人民的主观能动性；不等不靠不伸手要，用自己的勤劳、智慧和汗水改变了山区落后面貌。改革开放初期，面对新的形势和新的任务，沂蒙人民再次发挥人的积极性和创造性，"事在人为，事在人先"，不断解放思想，更新观念，抓住机遇，主动把握时代的脉搏，站在时代的前沿，追赶时代的大潮，深化改革，扩大开放，引进外资，又一次走到社会发展的最前沿，开创了一片改革和发展的新天地。在全面建设小康社会的新时期，沂蒙精神也进入了一个全新的发展阶段，在新的社会实践中已初步显示出一种新的精神风貌。无论是革命战争年代还是社会主义建设时期，沂蒙人民始终是弘扬沂蒙精神的主体力量。

以人民为中心，全心全意为人民服务是群众路线思想的体现。弘扬沂蒙精神提高了我们党坚持群众路线的自觉性，提高了党对群众路线极端重要性的认识。沂蒙精神的主体是人民群众，在革命战争年代，沂蒙精神的主要表现是"爱党爱军，无私奉献"，其典型代表就是"红嫂""沂蒙六姐妹"式的拥军模范。"爱党爱军，无私奉献"的本质就体现着沂蒙群众对人民子弟兵的深厚爱戴与人文关怀，而且经历了由自发个体行为到自觉群体行动的过程，形成当时参军参战、拥军支前的壮丽景观。这种精神一直成为凝聚、激励沂蒙人民自强不息、顽强拼搏、昂扬奋进的强大精神动力。毛泽东说："真正的铜墙铁壁是什么？是群众，是千百万真心实意拥护革命的群众。"弘扬沂蒙精神表明了人民群众的重要性，证明了群众路线是党的生命线。新形势下，我们党要承担起实现中国梦的重任，必须深入贯彻群众路线，全心全意为人民服务。当前在全面建设小康社会、实现中国梦的新形势下，党要坚持以人为本的理念，全心全意为人民服务，落实群众路线，弘扬沂蒙精神，充分发挥沂蒙精神的人本激励价值，最大限度地调动人民群众的积极因素，凝聚中国力量。

第四节　沂蒙精神在山东临沂地区

沂蒙精神是我们党的优良传统和革命精神，是山东人民特别是沂蒙人民的巨大政治优势和高贵精神财富。新中国成立以来，特别是改革开放以来，沂蒙人民继承和发扬光荣的革命传统，大力弘扬沂蒙精神，改革创新，锐意进取，使沂蒙精神不断得到发扬光大。

一、沂蒙精神是建设大临沂、新临沂的精神动力

2003年，临沂市委、市政府提出“举全市之力，建设一个开放、富裕、文明、美丽的大临沂、新临沂”的宏伟发展蓝图，并配合这一规划开展了创建“全国文明城市、中国历史文化名城、全国双拥模范城、国家卫生城市、中国优秀旅游城市、国家园林生态城市、国家环保模范城市的七城同建活动”。

这一规划在提出之后就遇到了实际困难。首要的就是部分群众的怀疑、不理解和不信任，而且这种怀疑与不理解同样存在在少数党员干部当中。为解决这一问题，从思想上转变群众的认识，临沂市先后开始了多次解放思想的群众讨论活动。每一次讨论活动结束后，民众对于政府政策的理解就会加深一分，民众对于这项政策的态度也逐步转变。了解到政府政策的长远效益和对民众的福利，越来越多的民众开始支持并积极参与到这项创城活动中来。广大党员干部对于政策充满信心，工作起来更加有劲头。他们挨家挨户宣传政策，动员民众，虽然困难重重，但他们并没有放弃，最终获得了民众的理解与支持。在这一过程中，他们表现出了高度的责任感和全心全意为人民服务的坚定信念。除了工作中的认真负责，各级党员干部也不放松对于自身的要求，通过各种学习的途径和机会，不断提高自身素质和工作能力，时时做到对国家大政方针政策深入了解，对于基层民众需求了如指掌，同时也在思想理念方面要求自己与时俱进，紧跟时代步伐，树立大局观和危机意识，带领人民群众积极开拓、锐意

进取，实现了一个又一个的突破与发展。

胡锦涛同志在2002年到临沂视察工作时，就曾高度赞扬临沂人民在践行沂蒙精神的基础上各项工作取得的优异成绩。胡锦涛指出，临沂几任领导班子坚持把发扬革命传统同弘扬时代精神结合起来，形成了具有时代特征的沂蒙精神，带领广大干部群众开拓进取，艰苦奋斗，使经济建设和各项事业取得了令人瞩目的成就。十一届三中全会以来，沂蒙人民在党的思想的正确领导下，锐意改革、不断创新，经济社会各个领域都得到了长足发展。

首先，经济发展迈向一个新台阶。2018年，临沂全市实现生产总值4 717.8亿元，增长7.3%；公共财政收入311.8亿元，增长9.3%；产业结构更加合理，三大产业比例为7.8∶43∶49.2。其次，城市居民幸福感大幅度提升。各级财政民生支出516.7亿元，占全市财政支出的80.8%；城镇居民人均可支配收入3.6万元，增长7.4%；农民人均纯收入达到1.4万元，增长8.1%。最后，城市影响力显著增强。临沂连续四年入选福布斯中国大陆最佳商业城市50强。同时，临沂被定为“全国科技进步先进市”，临沂在群众路线教育实践活动中同样取得了优异成绩。

二、沂蒙精神是脱贫攻坚的精神支柱

精神力量是我们发挥主观能动力量的源泉，而红色精神则是所有力量源泉当中最革命、最磅礴、最具有时代指导意义的一股。脱贫攻坚是社会主义新时代在三农领域的一场“没有硝烟的战争”。打赢这场战役将意味着三千多万贫困人口摆脱贫困，意味着全面建成小康社会的目标真正完成。脱贫攻坚战涉及人口之众、面积之广使之并不比革命时期我们所遇到困难容易多少，仍然需要我们拿出战场杀敌的决心来面对。与以往不同的是，革命时期的战役有人民军队替我们挡在前线，我们更多的是提供后勤保障。而此刻，在这场“没有硝烟的战争”里，七百多万国家公务员，三千多万贫困群众，十三亿中国人民都是这场战争的参与者。现在脱贫攻坚战进入决胜阶段，到了上刺刀、冲出战壕的最后关头，谁能拿出万千豪气和不怕死的精神，谁就能在这场战役首先突围，率先实现脱贫。而最能够在这个时刻给予我们动力的正是我们在革命建设事业当中，由革命建设前辈所创立和总结的红色革命精神。

现在的临沂正朝着“大美临沂”的蓝图努力奔跑，在新时代的背景下，脱贫攻坚自然也不能掉队。2017年，临沂14.2万贫困人口实现脱贫，超额完成省下达的脱贫任务。沂蒙精神在临沂脱贫、发展事业当中所发挥的作用是显而易见的，从20多年前率先实现整体脱贫，到现在超额完成脱贫任务，勤劳勇敢的临沂人民将沂蒙精神化于心，融于情，铸成格，是临沂实现脱贫的重要保证。

三、沂蒙精神是建设大而强、富而美的新山东的需要

沂蒙精神产生于山东，是山东精神的重要组成部分；同时，它不局限于山东，它为山东乃至全国的各方面发展提供了强大的精神动力和支撑。沂蒙精神是山东革命精神的典型代表，新时期的山东革命精神又是山东精神的重要内容。沂蒙精神也自然成为山东精神必不可少的一部分，其可以被认为是山东革命精神和山东精神的核心内容。特别是，沂蒙精神同鲁中、鲁南、胶东等革命精神相互融合，共同构成了山东革命精神。同时，沂蒙精神走出山东，与其他革命老区精神一起也构成了中华民族精神的重要内容。最后，沂蒙精神不断融合新内容，结合时代特征，做出自我调整和创新，其与各种新产生的时代精神相融合，构成了当前新时期山东精神和中华民族精神的新内涵。

继承与发扬沂蒙精神，要以山东为基础，在全国展开，打破地域与领域的限制。以沂蒙精神的基本内涵为基础，汲取时代精神的精华，不断创新发展，丰富山东精神和中华民族精神内涵，为社会主义事业提供强有力的精神动力。传承沂蒙精神首先要注重对沂蒙精神的宣传和教育活动，丰富宣传和教育手段，加强人民群众对沂蒙精神的了解，提高沂蒙精神的传播广度和深度；其次，要推陈出新，加强沂蒙精神内涵发展，尤其要结合时代特征，紧密围绕当

前的先进思想理念，做进一步的发展；注重运用网络等新兴媒体传承与弘扬沂蒙精神，为沂蒙精神的发展开辟新的阵地。

一个国家的文化软实力，也在很大程度上依赖于其民族精神的感召力和凝聚力。当今时代，我们要始终勇于承担国家文化建设的使命，以一种高度自觉的负责任的态度进行文化创新。其中应该发挥沂蒙精神的重要作用，为建设文化强省和文化强国做出积极贡献。

第五节　红嫂精神的现实价值

一、红嫂精神是沂蒙精神的灵魂

沂蒙精神是沂蒙人民在长期的革命和建设实践中形成的先进群体意识，是中华民族优秀文化的重要组成部分。沂蒙精神与延安精神、井冈山精神一样，是党和国家的宝贵精神财富。红嫂精神是沂蒙女性的宝贵精神财富，其与沂蒙精神是相辅相成的。虽然红嫂精神是沂蒙精神的重要部分与载体，但是红嫂精神也有自身所独有的特殊性，突出地表现出一种群体文化、一种女性文化。通过深入地对红嫂精神的探讨和研究，可以使沂蒙精神研究更加深化和具体化，也可以更加深刻地展现出红嫂精神的独有魅力，更好地体现出在当今时代学习红嫂精神的现实意义。

关于红嫂精神与沂蒙精神的基本关系，学界的认识是比较一致的。全国妇联书记处书记范继英说："沂蒙妇女忠诚博爱、勤劳勇敢、自强不息、无私奉献的感人事迹孕育了'红嫂精神'，是沂蒙精神的生动体现，也是伟大民族精神的具体表现，是党和国家的宝贵精神财富。"傅然锋认为："'红嫂精神'体现了沂蒙精神的成型脉络：它诞生于战争年代，成长发展于建设时期，并随着实践的发展而不断地丰富和发展，这与沂蒙精神的形成发展一脉相承。因此，'红嫂精神'与沂蒙精神相辅相成，它是沂蒙精神的重要内容和具体体现。"于蒙蒙认为："沂蒙精神集中体现了中华民族的高尚品德，体现了我党的根本宗旨和优良传统。在沂蒙精神中蕴含着一种伟大的精神——'红嫂精神'。它既是沂蒙妇女的群体意识，又是沂蒙精神在广大沂蒙妇女中的生动体现。"这些论述都肯定了红嫂精神的基本内涵和现实意义，都认可一个基本事实，即红嫂精神是沂蒙精神的重要内容、具体体现和重要组成部分。应该说这些论述是正确的，只是有些表象化和肤浅化，没有把红嫂精神提升到本来应有的理论高度。实际上，红嫂精神不仅仅是沂蒙精神的重要内容、具体体现和重要组成部分，红嫂精神更应该是沂蒙精神的灵魂，更应该是沂蒙精神的象征性标志。"沂蒙精神的灵魂是群众心中装着党，干部心中装着群众；其核心问题是艰苦创业，无私奉献；其实质则是三位一体，即爱军、爱国、爱党。"其实，沂蒙精神的灵魂正是红嫂精神的灵魂，二者是互为一体的。尽管沂蒙地区也有"陈毅担架队"和"活烈士"韩成山等沂蒙男性爱党爱军的典型，但更多的"爱党爱军"的典型是沂蒙女性群体，如用乳汁救活伤员的沂蒙红嫂明德英，为了中国革命奉献了无私无畏之爱的沂蒙母亲王换于、"我为亲人熬鸡汤"的祖秀莲，拥军支前模范沂蒙六姐妹张玉梅、伊廷珍、杨桂英、伊淑英、冀贞兰、公方莲，在参军动员大会上公开叫响"谁第一个报名参军我就嫁给谁"的梁怀玉，动员四儿一女参军的王步荣，带领32名妇女双肩扛起火线桥的李桂芳等沂蒙妇女……"最后一块布做军装，最后一口饭做军粮，最后一个儿子送战场"，这正是伟大的沂蒙妇女为支援抗日战争和解放战争做出巨大牺牲的真实写照。红嫂精神是在战争中涌现出来的许许多多优秀沂蒙妇女爱党爱军、艰苦奋斗、无私奉献的优良传统和高尚品德的集中升华和体现。这些平凡而伟大的沂蒙女性，用自己的行动表达了对党和人民军队的深厚感情，表现了无私奉献的高尚品德，而这些正是沂蒙精神的实质和内涵。毫无疑问，红嫂精神已成为沂蒙精神的象征性标志。

二、红嫂精神是沂蒙山区的名片

改革开放以来，沂蒙大地有了翻天覆地的变化和经济社会的飞速发展，为全国革命老区树起了一面旗帜，成为全国革命老区推动经济社会快速发展的一个品牌。到过临沂市的人们，无不为沂蒙革命老区天翻地覆的巨变而惊叹。但是，对于没有来过沂蒙山区的人们来说，他们对沂蒙山区的了解则主要是通过两类形象的文本完成认知过程的：一类是通过家喻户晓的反映孟良崮战役的影片《南征北战》和《红日》等了解的，另一类则是通过小说《红嫂》、京剧《红云岗》、芭蕾舞剧《沂蒙颂》、电视连续剧《沂蒙》、电影《沂蒙六姐妹》等文艺精品了解的。

沂蒙红嫂的事迹最先感动了作家刘知侠，他根据明德英用乳汁救伤员的真实事例，于1961年创作了短篇小说《红嫂》，“红嫂”正式走入国人的视野。1964年小说《红嫂》改编成京剧后，毛泽东同志在接见“红嫂”的扮演者张春秋时指示：《红嫂》这出戏是军民鱼水情的戏，演得很好，要拍成电影，教育更多的人，做共和国的新红嫂。红嫂的事迹由此传遍大江南北，“红嫂”几乎成了沂蒙山的代名词。改革开放以前，外地人所知道的沂蒙山，差不多都是从《沂蒙颂》里面那句优美的唱词“续一把沂蒙山柴炉火更旺，添一瓢沂蒙水情深意长”了解的。在历史的长河中，《红嫂》从一篇文学作品演变成了一系列的作品。可以说，“小说《红嫂》及其演变的典型文本在当代中国文学史上的地位，不是样板，胜似样板。”

史诗般地反映沂蒙红嫂和红嫂精神的艺术精品是电视连续剧《沂蒙》。进入21世纪，沂蒙红嫂的宣传力度进一步加大，沂蒙红嫂的知名度和美誉度得到极大提高。2009年11月27日，由中共临沂市委、临沂市人民政府和山东电影电视剧制作中心联合制作的大型电视连续剧《沂蒙》在央视八套黄金时段播出。作品通过描绘主人公于宝珍一家在国家危难、民族危亡之时所表现出的无私无畏、前赴后继的英雄壮举，热情讴歌了沂蒙人民英勇无畏、前赴后继的精神，真实再现了感天动地的沂蒙之魂，荡气回肠、感人至深、催人奋进。《沂蒙》播出后在广大观众和社会各界引起了强烈反响和极大关注，好评如潮，收视率一路攀升，跃居央视黄金档剧目第一。首播结束后，应广大观众的强烈要求，中央电视台决定破例在央视一套播出，并在央视八套重播。持续的热播，一路攀升的高收视率，专家学者、主流媒体和普通观众的高度评价，使《沂蒙》轰动大江南北，先后获得第四届CCTV“首播优秀剧奖”“最佳热播剧奖”“最高收视率奖”，第三届泰山文艺奖“荣誉奖”，第25届中国电视金鹰奖“优秀电视剧奖”，第28届中国电视剧“飞天奖”长篇电视剧一等奖第一名。

电影《沂蒙六姐妹》被誉为是弘扬红嫂精神的“战火中的玫瑰赞歌”。2009年6月15日、17日、19日，该影片分别在临沂、北京、济南隆重首映。影片以思想深度和艺术魅力倾倒了观众，博得了社会各界的高度评价，被誉为“中国版的《这里的黎明静悄悄》”，先后荣获第13届中国电影华表奖优秀故事片奖，全国第11届“五个一精品工程奖”，第7届广州大学生电影节评委会特别奖，第3届山东省泰山文艺奖一等奖，美国电影节最佳故事片奖等。可以说，正是通过《红嫂》《沂蒙颂》《沂蒙》《沂蒙六姐妹》等家喻户晓的“红嫂”系列文艺精品，使许多不了解沂蒙山的人，都知道了沂蒙红嫂光荣的革命历史，都知道了闻名遐迩的红嫂精神，这正说明红嫂精神是沂蒙山区当之无愧的靓丽的名片。

三、红嫂精神是贯彻群众路线的典范

红嫂精神是中国共产党领导人民在长期革命斗争过程中所形成的极为宝贵的精神财富，是我们党深厚的执政资源。当前，我国正处于社会转型的关键时期，我们可以从当年根据地群众工作的经验中得到启示，以史为鉴，做好当前的群众工作。一切为了群众，一切依靠群众，从群众中来、到群众中去，是我们党的群众路线的基本内容，涵盖价值观和方法论两方面。在价值观方面，群众利益是党开展一切工作的根本目的和宗旨。在方法论方面，群众是党顺利开展各项工作的永恒依靠；只有倾听群众的意见、满足群众的诉求，才能为工作开展奠定坚实基础。群众路线是共产党人宝贵的红色文化遗产，凝聚着中国共产党人的努力和创造，折射出共产党人的崇高理想信念和价值追求，是民族精神和时代精神的高度融合。

我们党在革命战争年代为了实现国家的独立和民族的解放，深入贯彻群众路线，与人民群众建立起鱼水相依的密切关系。人民军队所到之处纪律严明，对百姓秋毫无犯，以自己不怕牺牲、英勇抗敌、爱国为民的崇高壮举，赢得了人民群众的拥护、爱戴和支持。沂蒙人民把这种对党和人民军队的爱戴之情转化为拥军支前的实际行动。抗日战争时期，沂蒙妇女在党的领导下，为了民族的解放，同日本侵略者进行了英勇悲壮的斗争，涌现出了数不清的“沂蒙红嫂”“沂蒙母亲”“沂蒙姐妹”。解放战争时期，沂蒙妇女踊跃参军，拥军支前，“一把米做军粮，一块布做军装，一个儿子送战场”。红嫂精神是密切而牢固的党群关系、军民关系的结晶，是党和人民军队密切联系群众、一切为了群众、一切依靠群众的必然结果，是人民群众热爱党和人民军队的生动写照。因此说，以“爱党爱军、无私奉献”为核心的红嫂精神，历史地成为“党爱民”与“民爱党”、“军爱民”与“民拥军”的贯彻典范。

中华人民共和国成立后，我们党依靠人民群众医治了战争创伤，掀开了社会主义建设事业的新篇章。改革开放以来，我们党依靠人民群众，开拓创新，取得了中国特色社会主义建设的新成就。但是，党内一些领导干部滋长了官僚作风，漠视人民群众的力量，存在严重脱离群众的现象。习近平同志指出：我们必须看到，面对世情、国情、党情的深刻变化，精神懈怠危险、能力不足危险、脱离群众危险、消极腐败危险更加尖锐地摆在全党面前，党内脱离群众的现象大量存在，集中表现在形式主义、官僚主义、享乐主义和奢靡之风这“四风”上。一些党员干部不思进取、作风浮夸、追名逐利、贪图享乐、弄虚作假、欺上瞒下，甚至一些党员干部在看到一部人先富起来后，心理失去了平衡，开始以权谋私、与民争利、贪赃枉法，严重影响了党在人民群众心目中的形象，如果任由这种腐败退化行为发展下去，后果极其危险。

四、红嫂精神是精神家园的依托

“精神家园”不是一个崭新的论题，构建精神家园的实践可以说是与人类文明进步的历史同步展开的。在古希腊时期，苏格拉底的“人应该追求更美的生活，远过于生活本身”，已经说明了精神理想的重要意义。柏拉图的“理念世界”，尤其是被视为对整个宇宙起导向作用的最高理念“善”的概念，是对精神家园崇高思想的阐发。中国传统文化是一种早熟的文化，从一开始就关注经世致用之学。中国人精神家园的依托点不是虚幻的宗教世界，而是早在先秦时期即已形成的以孔孟儒学“五常”（仁、义、礼、智、信）为中心，追求人生价值“原生态”的民族精神家园。这“五常”贯穿于中华伦理道德的发展中，成为中国价值体系中核心要素，是中华民族传统伦理道德的“品牌”，已经被亚洲的韩国、新加坡、日本等国家所认同。

从中华伦理道德的角度看，红嫂精神是“仁、义、礼、智、信”的具体体现：沂蒙红嫂明德英向正义敞开伟大的胸襟，用圣洁的乳汁救活素不相识的八路军伤员，可以谓之“仁”；被敌人扒光衣服、割去双乳、下身插上树枝而威武不屈、英勇就义的吕宝兰，可以谓之“义”；沂蒙母亲王换于秘密地将被日军杀害的革命烈士陈若克的遗体完整地运到东辛庄，流着眼泪为烈士做寿衣，并隐蔽地将其安葬在自家的黄土地里，可以谓之“礼”；为了保证解放军战士顺利过河，在临时搭桥来不及的情况下，宁可用血肉之躯搭起人桥的沂蒙姐妹，可以谓之“智”；识字班长梁怀玉在参加大动员上公开宣称“谁第一个报名参军我就嫁给谁”，最后守约嫁给第一个报名参军的刘玉明，可以谓之“信”。“仁义礼智信”全部具备的沂蒙红嫂，可谓妇女中的圣人！

沂蒙红嫂不仅是“仁义礼智信”的女中圣人，还是践行社会主义核心价值观的楷模。社会主义核心价值观在国家层面表现为富强、民主、文明、和谐，在社会层面表现为自由、平等、公正、法治，在公民个人层面表现为爱国、敬业、诚信、友善。学界普遍认为：社会主义核心价值观，继承弘扬了“仁义礼智信”的精髓，体现了中国特色，又体现了改革开放的时代精神。“仁”即“友善爱国”；“义”即“公平正义”；“礼”即“文明和谐”；“智”即“求真敬业”；“信”即“诚实守信”。从公民层面的社会主义核心价值观来看，沂蒙红嫂的“爱党爱军”正是“爱国”的具体体现，沂蒙红嫂的“勤劳勇敢”正是“敬业”的具体表现，沂蒙红嫂的“忠诚坚韧”正是“诚信”的具体表现，沂蒙红嫂的“无私奉献”正是“友善”的具体表现。千千万万沂蒙红嫂、沂蒙母亲、沂蒙姐妹的高尚精神汇聚起来升华为红嫂精神，成为一种先进的道德榜样，一种激发人民群众积极奋进的强大动力。红嫂精神就是为国家和民族的生存、自立、进取、发展而奋斗不息的无私奉献和自我牺牲精神，是中华民族革命传统的重要组成部分。

民族精神家园是民族的精神归属所在和民族理想追求的永久寄托所在。对于我们的民族而言，中华民族精神积千年之精华，根深蒂固，博大精深，已成为我们民族凝聚力的灵魂和源泉，成为促使中华民族生生不息前进发展的精神动力，成为我们中华民族安身立命的精神支柱和精神家园。改革开放以来，在综合国力大为增强的同时，随着西方个人主义和享乐主义的渗透，我国一些人的价值观念发生了很大的变化，社会上滋生的消费主义、个人主义、拜金主义、享乐主义等，正在污染着中华民族的精神家园，一些人在拥有了足够的物质财富以后却变得空虚、无聊、低级趣味，沦为精神上的乞丐。但是，这些消极和腐朽的东西毕竟不会永久地居存于人的精神领地之中。因为，人本身具有追求崇高的超越性，这是人的内在本质属性。从这个角度说，回归过去，重温历史，树立社会主义核心价值观，大力弘扬“爱党爱军、忠诚坚韧、勤劳勇敢、无私奉献”的红嫂精神，营造健康向上的文化氛围，凝聚民族的力量，激发社会的活力，就会为建构中华民族的精神家园提供坚强的依托。

五、红嫂精神是人性之美的结晶

从哲学的角度看，人性是在一定社会制度和一定历史条件下形成的人的本性。人的本质不是单个人所固有的抽象物，在其现实性上，它是一切关系的社会总和。广义的人性包括行为、精神、认知、情感、目的、形态、历史、未来，可以概括为行为关系、情感态度、精神气质、认知能力、目的计划、形态特征、历史经验和未来理想八个层面。狭义的人性指的是作为人应有的正面的、善良的、积极的品性，比如慈爱、善良、真诚、进取等，包含所有正义的为人类共同认可和推崇的价值观。其中"慈爱"是人性中最为重要的品性，在人类各种需要中居于首要位置。"慈"和"爱"是人类特有的情感，是人类最重要、最尊贵的感受，被称为"人性的结晶和宇宙的精华"。

按照中国传统的道德观念，"仁爱"与"仁义"是相辅相成的。"义"是"爱"的基础，没有"义"就不可能有"爱"；"爱"则是"义"的升华，是"义"的具体表现和最高形式。红嫂精神包含着大爱无疆、大义无形的道德美。红嫂精神体现的"大义"正是人间的正义。"大爱"是一种超越了人间利益、权利、金钱的无私之爱。"大爱"的人没有个人利益追求，是在一种至高无上的价值观支配下的最高尚的牺牲和奉献行为。"大爱"的前提是要有"大义"。沂蒙红嫂怀着对国家和民族的忠诚与挚爱，看到了中国共产党和人民军队救国救民的英雄壮举，义无反顾地跟共产党走，为党的事业抛头颅洒热血在所不惜，为人民军队奉献与牺牲甘心情愿，体现的正是人间"大义"基础之上的"大爱"。

沂蒙红嫂"大爱大义"的人生哲学，与中国共产党人、人民军队坚定的政治信念和为国家、民族的解放事业舍生忘死、前仆后继的献身精神相结合，从而使广大沂蒙妇女的优良品格产生了质的飞跃，得到了革命性的升华，形成了红嫂精神的完整内涵。在革命战争年代，剧烈的社会关系变革不仅没有淹没沂蒙红嫂心目中的"大爱大义"传统美德，反而为这种根深蒂固的传统美德向更高层次的发展提供了巨大的可能性。仅在抗战期间，沂蒙山区就有15.5万余名妇女先后以不同方式掩护了9.4万余名革命军人和抗日志士，4.2万余名妇女参加了救护八路军伤病员的工作，共救助伤员1.9万余人。这绝不是一组简单的数字排列，这些数字的背后，充盈着沂蒙妇女的鲜血、汗水、乳汁和难以言表的艰辛与磨难。“沂蒙女性在战争年代用鲜血和生命编织成了一个花环，她的名字就叫红嫂。”这些在沂蒙山区普通而又伟大的红嫂身上演绎出来的壮举虽然不是神话和传说，但这些大义大爱的壮举却从此“成为中华民族灵魂的千古一叹，成为人类战争史上惊世骇俗的绝唱”。红嫂们的一串串如珍珠般闪亮的名字：明德英、王换于、祖秀莲、王步荣、李桂芳、梁怀玉、范春莲、张玉梅、伊廷珍、杨桂英、伊淑英、冀贞兰、公方莲、尹德美、张志桂、赵传春、吕宝兰、唐美艳、王秀英、李凤兰、管爱振、侍振玉、胡玉萍……这一个个可亲可敬的形象，将沂蒙女性至善至爱、至仁至义的崇高品格展现到了极致。毫无疑问，红嫂精神是从人类学、伦理学的高度重视人的存在，确立人的地位，肯定人的主体性，彰显人的理性，并始终以潜移默化的方式贮存在人们心中，充分显示了中华民族人本主义精神的无限魅力。

总之，红嫂精神不仅具有重要的历史意义，更具有深远的现实意义。红嫂精神不仅仅是一种单纯的只出现和发展于沂蒙地区的精神，不仅仅是只在某个特定的历史时期弘扬的精神，而是对于全国，对于过去、今天和未来都具有深远意义的精神。红嫂精神并没有因为革命战争的结束就消散了，而是随着时代的前进在不断发展着。红嫂精神历经血与火的洗礼、战天斗地的风雨历练和改革开放的考验，逐步成为激励中国女性昂扬奋进、拼搏进取的强大精神动力。随着改革开放的深入和社会主义市场经济体制的不断健全完善，中国革命传统和民族精神得以进一步弘扬。在不同岗位上，到处留下了红嫂无私奉献、艰苦创业、勇敢进取的影子，红嫂精神不仅再一次让人们重温战争年代沂蒙妇女的赤诚与高尚，而且成为推进经济社会发展和民族文化与时俱进的重要力量。如果每一位党员干部都能把红嫂精神贯彻到自己日常的工作生活中，能够时时不忘密切联系群众，心中牢记坚持和实践一切为人民服务，始终把人民群众的利益作为行动的出发点和归宿，我们的党就会薪火相传、稳如泰山，党的事业就能永葆生机、蓬勃兴旺。

第二编 沂蒙精神的继承与弘扬

第六章　沂蒙精神与社会主义核心价值观的内在关联

从性质上看，社会主义核心价值观是社会主义核心价值体系的内核、基本特征、根本性质，同时是社会主义核心价值体系内涵的集中表达。党的十八大以来，社会主义核心价值观被提到前所未有的高度，党和国家对此高度重视，并对此做出了多方面的阐述、提出了明确要求。沂蒙精神是社会主义核心价值体系的重要组成部分，也是社会主义核心价值观在具体实践中的体现，还是在特定区域内的形象表达，结合起来进行关联研究，对推动社会主义核心价值观的培育和践行有着重要的理论与实践意义。

第一节　沂蒙精神与社会主义核心价值观的统一性

沂蒙精神与社会主义核心价值观两者虽然属于独立的文化体系，但是其本质和根源上具有统一性，其差异性主要体现在其内涵规定、形成时间和影响范围方面。沂蒙精神形成于沂蒙地区，深受当地的地理环境、人文传统、社会历史因素的影响，是沂蒙地区先进群体文化精神的体现，真实反映了当地人民群众特有的先进思想观念、博大情怀、豁达精神、坚强意志，同时是当地人民群众“实有”和“应有”思想理念的统一。沂蒙精神是在革命战争时期形成的，对革命战争的胜利起到了极其重要的推动作用，其内容进一步丰富和发展是在社会主义建设和改革开放时期进行的，沂蒙精神经过多年的发展和完善，形成了以下特点：一是鲜明的区域特征，二是强烈的群体意识，三是无私的奉献观念，四是突出的实干精神，五是浓郁的时代性。社会主义核心价值观是国家文化精神的凝聚，也是民族利益的最高表现，是中国广大人民群众价值取向的集中体现，是整个社会主流价值形态的具体体现，是中华民族精神气质的凝聚和展示，其内涵极其深远，超越了任何地域、任何群体、任何阶层的利益诉求、价值理想，是社会主义初级阶段全体人民群众都应该遵守的基本思想理念，也是所有社会成员都必须遵守的基本价值标准、评价、判断、取向、导向等等。社会主义核心价值观不但继承和融合了一系列的革命精神，而且适应了改革开放以来思想文化领域的变化，其内容极其丰富，是全党政治价值取向、社会主义奋斗目标的体现，是中华民族道德准则、全体人民群众精神需求的内核。从上述可以看出，沂蒙精神和社会主义核心价值观两者既相互独立，又有不可分割的关系，前者为局部、个体、一般，后者为全局、共同、具体。前者体现的是特定区域内人民群众先进思想观念、思维活动、心理状态，后者体现的是整个国家领域、全体人民群众的价值观念，是整个国家和社会的最高层次的价值目标、价值追求、行为准则。

两者的上述区别只是两种精神的外在区别，从本质上看，受到思维逻辑和实践逻辑双重因素的影响，两者具有内在契合性。首先，从理论上看，两者相互重合、相互影响，其内在规定性具有高度的契合性；其次，从实践上看，两者是起源于中国革命实践，在社会主义建设和改革开放中得以发展和完善，是中国社会发展进步应有的文化自信、文化自觉，所以两者之间具有高度的契合，这种契合体现在多个维度，包括内容契合、主体和客体实践契合等。沂蒙精神和社会主义核心价值观是推动中国特色社会主义建设的先进思想力量、精神动力，主要体现在以下几个方面：

第一，两者均是在中国共产党领导下所形成的先进思想文化。其产生的历史条件相同，中国共产党以马克思主义基本原理为指导，带领着全体中国人民历经了艰苦卓绝的中国革命、社会主义建设，在伟大实践的基础上形成了两种先进的思想文化，因此，这两种先进的思想文化具有鲜明的时代特色、民族特色，是中国革命和建设经验的总结、历史文化的结晶、先进群体意识和思想观念的体现。从思想内容来看，沂蒙精神根植于沂蒙地区，是沂蒙地区先进的人民群众努力奋斗所形成的一种红色革命精神。当代这种红色革命精神提出之后，得到了广大人民群众的普遍认同，而这种精神在革命实践中转化为一种具有普遍价值的精神力量，具体体现在沂蒙地区人民群众的具体行动中，具有典型的沂蒙地区特色，是当地价值观念、道德理念、行为规范的总和，“爱党爱军、开拓奋进、艰苦创业、无私奉献”是沂蒙精神的具体内涵。社会主义核心价值观是从国家、社会和个人三个层面具体阐述了核心价值体系的内涵，表明了核心价值体系的实践要求，是不同层次价值目标、价值准则、价值追求的高度凝练和集中表达，明确指出了全体社会成员应当遵循的基本价值规范。核心价值观是在党的领导下、在社会实践中形成的，是马克思主义先进理论中国化的具体体现。由此可见，两者在内容上有着共同之处，都是以马克思主义作为指导思想，都是在继承和传承中华优秀历史文化的基础上、在中国共产党坚强领导下形成的，同时能够满足现实文化思潮需求，反映了主流意识形态前进的方向，在社会经济发展方面取得了巨大的推动作用。在内容和价值目标等方面，两者具有高度的一致性，具体体现在：沂蒙精神的爱党爱军实际上就是社会主义核心价值观国家层面精神的体现，追求国富民强、民族独立，是爱国主义精神的集中表现；沂蒙精神中的艰苦创业、开拓进取，实际上就是社会主义核心价值观个人层面精神的体现。在对美好道德追求上，沂蒙精神一直倡导大爱无私、忠诚为民、向上向善，是一种比较高的社会思想境界；社会主义核心价值观倡导以人为本、一心为民，是个人、国家和社会共同的道德取向。

第二，都强调人民的主体地位和作用。历史是由人民群众创造的，人民群众是历史的创造者，这是历史唯物主义的核心内容之一，历史唯物主义强调了人民群众的力量，社会历史的发展、变更最终决定力量就是人民群众，以马克思主义思想为指导的政党始终坚定不渝地坚信这一观点。两种思想理念在此方面是一致的，都坚持了唯物史观的群众观。沂蒙精神在创造过程中，鲜明体现了人民群众的首创精神，只有在历史解放运动中，这种精神才能得以充分地体现和弘扬。纵观沂蒙精神的形成和发展过程，无处不体现人民群众的历史主体地位，在历史进程中，人民群众发挥着主体性作用。沂蒙人民在历史发展脉络中，世世代代受到齐鲁传统文化的熏陶，他们积极地响应党的号召，在极其艰苦的年代，齐心协力、万众一心跟着共产党走，为了革命抛头颅，洒热血，无私贡献，党政军民之间形成了水乳交融的亲密关系，克服了一个又一个的困难，最终取得了革命胜利。在社会主义建设时期，沂蒙地区的人民群众发挥主人翁精神，用自己的双手自力更生、艰苦奋斗、开拓进取、大胆创新，取得了一个又一个的成就，为沂蒙精神注入了新内涵，让沂蒙精神达到了一个新高度。沂蒙地区的人民群众在长期革命斗争过程中创造了无数辉煌；推动了中国革命事业的胜利；在社会主义建设时期，通过自己的双手改变了贫穷落后的局面，迎来了社会主义建设的辉煌。在改革开放时期，要把革命精神、时代精神结合起来，丰富沂蒙精神的内容，让沂蒙精神具有更显著的时代特征。

社会主义核心价值观立足于全体人民群众，是全体人民群众价值观的集中体现。一直以来，人民群众都是实践主体，是社会快速发展的根本推动力，是物质财富的创造者，是先进文化和理论的所有者。改革开放以来，人民群众在思想文化领域创造的一切经验和成果凝聚成了社会主义核心价值观，特别是人们对是非观念、荣辱得失观念等的概括和总结，成为社会主义核心价值观的精髓，由此可见，社会主义核心价值观的创造者就是广大人民群众。

第三，都具有指导实践、改造客观世界的强大功能。用思想和理论来改变世界，推动世界的发展，才是社会发展的根本，这是马克思多次强调的内容。社会主义核心价值观、沂蒙精神都是先进的思想理论，这种思想理论不仅是人类先进文化的高度概括，还能够自觉运用到实践中，对实践起到指导和推动作用。两种先进的思想理论是一股强大的思想动力，推动了社会主义建设事业的快速发展，实现了社会和谐、人的全面发展要求。

沂蒙精神是一种红色精神，对临沂和山东地区社会建设的发展起到了巨大的推动作用，就如同灵魂支柱，激励着当地人民群众奋发向上，同时约束着人民群众克己奉公、遵纪守法、为社会发展作出自己应有的贡献。沂蒙精神具有强大的凝聚力和向心力，在推动沂蒙地区社会经济发展方面起到了重要作用，鼓舞着沂蒙地区和全国人民群众不断向前，不断地争取一个又一个的胜利。沂蒙精神在革命时代起到了鼓舞作用，在改革开放新时期同样起着激励作用，具有强大的政治优势，是一股强劲的推动力，在沂蒙大地上创造了无数的辉煌，推动着社会主义建设的进一步深入。社会主义核心价值观是三个层面价值取向的集中体现，对全体人民群众具有普遍的激励作用和约束力，随着时代的需要而产生，在实践中发挥了巨大的思想激励作用，是国家长治久安、社会主义现代化建设顺利进行、复兴中国梦的强劲思想动力，也是思想指南，引领着中国人民坚定不移地向前奋斗。从提升人民精神境界的视角来看，核心价值观不但是中华民族的强大精神支柱，而且是中国人民一切行动的向导，既能够丰富人们的精神世界，又能够坚定人民群众建设精神家园的决心，只有在核心价值观的引领之下，一个国家、一个民族才不会迷失方向，才能更好地把握自己。当代中国已经摆脱了贫穷落后的局面，正在追求更美好的生活，只有在强大的价值精神的支撑之下，才能实现对美好生活的追求。所以只有培养和践行核心价值观，才能够振奋人们的精气神，增强全民族的精神纽带，才能够形成中国精神，独立于世界、屹立于民族之林。培育和践行核心价值观，加强核心价值体系的构建，已经成为全体人民的普遍共识、共同价值追求，只有构建更加完善的社会主义核心价值体系，把核心价值观践行在具体的实践中，才能形成一股强大的思想力量，推动中华民族伟大复兴的中国梦的实现。在促进我国社会经济发展方面，两个都是强大的“精、气、神”，具有广泛的群众基础，被广大人民群众所认知认同，其价值准则体现了真、善、美、富、强等，人民群众的思想理念和行为具有导向作用、规范作用、引领作用。

第二节　社会主义核心价值观为沂蒙精神的弘扬提供正确导向

社会主义核心价值观为沂蒙精神的弘扬提供了正确的导向，具体体现在两个方面：

第一，以社会主义核心价值观为主线和核心，丰富和发展沂蒙精神。在我国思想观念和价值观要求中，最高层次的价值观就是社会主义核心价值观，社会主义核心价值观指明了全体人民奋斗的方向，是全社会共同理想的凝聚。沂蒙精神是特定地区思想观念和价值理念的凝聚，社会主义核心价值观对沂蒙精神起到指导和引导作用，沂蒙精神进一步弘扬和发展就是在核心价值观引领之下进行的，充分体现了国家、社会和个人层面的要求，是社会主义核心价值取向的集中体现。只有在社会主义核心价值观指引之下，丰富和完善沂蒙精神，才能体现国家层面和地域层面价值取向的协调统一，才能让具有地方特点的精神追求更具有普遍性，不但适合于本地区，而且适合于其他地区，能够推动地方经济的快速发展，能够为整个国家的发展提供思想和人文方面的支撑。

第二，在社会主义核心价值观的培养和践行中，丰富和发展沂蒙精神。沂蒙精神是中华民族精神的传承和凝聚，具有深厚的历史渊源，是社会主义核心价值观在特定地区的具体体现。起源于区域民众历史文化之中的沂蒙精神，具有典型的历史性、地方性特点，同时，融合了现代社会的平等法治、自由竞争、文明等理念，推动了沂蒙精神内涵的进一步丰富和完善。只有创造性地转变和发展沂蒙精神内涵，才能适应社会主义核心价值观的要求，才能让沂蒙精神焕发出时代新光彩、彰显出现代社会发展的价值取向，才能在更广阔的范围内适用。沂蒙精神来自人民群众之中，是人民群众文化的一次伟大创造，最终还要回归于大众的社会实践中。沂蒙精神是活的、有生命的，在实践中生成，然后对人们的实践进行指导，是知行合一，只有不断地弘扬和光大，才能体现沂蒙精神的本质。当沂蒙精神和群众实践相互结合、相互作用，才能让沂蒙精神不断地发展和丰富，才能体现沂蒙精神大众化、普遍化的特征。沂蒙精神的发展过程体现在两个方面：首先，能够对群众的实践活动起到指导作用；其次，不断总结群众实践中的经验和教训，实现理论观点的丰富和创新，而这种创新力量则会成为沂蒙精神发展的动力源泉。在新的历史时代下，要遵循科学性、先进性和时代性的原则，继续弘扬和保持沂蒙精神，具体可以做到：首先，把沂蒙精神和实践相结合，通过具体社会主义现代化建设实践，去检验沂蒙精神，从实践中去验证沂蒙精神的科学性，并不断地为沂蒙精神注入新的活力。其次，把沂蒙精神和时代精神结合起来，实现沂蒙精神的与时俱进、客观发展，永远具有时代特征，永远是先进的精神。人民群众的实践是一个动态发展的过程，新事物和新发明不断涌现，沂蒙精神也不能够停滞不前，只有主动接受新事物、解决新问题，丰富和完善沂蒙精神，才能够提高理论的科学性、思想的先进性，才能让沂蒙精神具有时代特征，不断向前发展，这也是马克思主义分析问题的根本方法。所以要理论联系实际，全面梳理和总结沂蒙精神的内容，明确哪些内容符合时代性、规律性特征，容易被人们所接受，就应该把这部分内容继续发扬光大，不断完善沂蒙精神话语体系，增强沂蒙精神的凝聚力。除此之外，还要加强社会主义核心价值观的宣传和教育，并把此融入沂蒙精神中，才能认为沂蒙精神更具有时代性、大众化，才能真正实现沂蒙精神的内在要求。

第三节　沂蒙精神为社会主义核心价值观提供路径和载体

社会经济的快速发展，离不开社会主义核心价值体系的指导和引领，社会主义核心价值观的培育和践行，同时是一个理论和实践课题，不仅要不断地提高认知认同，更要付之于实践，把理论融入社会实践中，真正做到知行合一。也就是说，在改革开放和现代化建设伟大实践中，要始终坚持培育和践行社会主义核心价值观，才能够明确发展的方向，坚定不移地实现社会主义建设目标。沂蒙精神起源于伟大的中华民族精神，并在革命的实践中融入了新的因素，包括生死与共的党群关系。当前我国正在进一步加强党的建设，而沂蒙精神的这一内容在巩固和加强党群干群关系方面具有重要的指导意义。沂蒙老区为中国革命作出了重要贡献，为社会主义经济建设贡献了力量，随着老区的崛起，沂蒙精神如同一颗闪亮的巨星，引领着改革开放稳步向前、正确发展，其艰苦创业、开拓奋进、爱党爱军、诚实守信的内涵在新的时代下仍然闪烁着熠熠之光，具有浓烈的时代意义。沂蒙精神为弘扬和发展社会主义核心价值观奠定了坚实的基础，只有传承和发展沂蒙精神，吸收和运用沂蒙精神，才能进一步弘扬和践行社会主义核心价值观，发挥沂蒙精神的作用。具体体现在以下几点：

第一，是弘扬社会主义核心价值观的主要路径。社会主义核心价值观理念只有获得社会民众的广泛认同和拥护，才能转化为社会公众的内在价值诉求，才能表现为社会成员的行为准则。把沂蒙精神融入社会主义核心价值观的教育之中，是培育和社会主义践行核心价值观的有效路径，这种融合并不是两者简单地结合，而是在更大范围内、不同社会阶层间持之以恒的同时，弘扬和践行两种思想理念，才能充分发挥沂蒙精神和社会主义核心价值观的思想引领、熏陶作用。如何通过弘扬沂蒙精神，实现社会主义核心价值观教育，是当前市场教育过程中所必须考虑的问题。沂蒙精神具有典型的地方性、现实性和针对性特征，是从群众中形成的思想和精神，群众对此有亲近感，很容易认同和接受。所以在深化社会主义核心价值观时，可以把沂蒙精神作为一个突破口或者宣传教育的渠道，利用一切可以利用的因素，培养和践行社会主义核心价值观，推动社会主义核心价值观教育的持续深入。社会主义核心价值观的宣传和教育是一个长期探索的过程，需要个人、家庭、政府和社会等因素的共同参与，才能不断地修正和完善；社会主义核心价值观的教育要注重科学性、系统性，要根据不同群体的认知特点、接受能力、接受方式和程度采取针对性的教育方式，形成一个多层次的长效机制体系，共同把沂蒙精神融入社会主义核心价值观教育中，发挥沂蒙精神独特的思想教育功能，推动社会主义核心价值观教育的持续深入。

第二，是社会主义核心价值观的主要载体。社会主义核心价值观体现的是一种奋发向上的精神力量，是全民族团结和谐精神的凝聚，是国家意志和民族精神的体现，对整个社会的发展、意识形态领域的进步起着引领作用。沂蒙精神是在沂蒙地区长期革命和建设中凝聚而成，既是当地的宝贵精神财富，又是整个国家的精神体现，还是社会主义核心价值体系的本质要求，对社会发展、经济繁荣起到了巨大的推动作用。沂蒙精神代表了沂蒙地区人民群众崇高的价值追求，也是当地人民群众自觉自愿行动的体现，是对社会主义核心价值观的一种认同，是社会主义核心价值观形成的文化基础和心理土壤。弘扬沂蒙精神、培育和践行社会主义核心价值观有效结合，才能引发沂蒙人民的心灵共鸣，才能够获得更多群众的精神上、思想上认同，这种认同将会达成行动的一致。

沂蒙精神和红色文化既是社会主义核心价值观形成的土壤，又是社会主义核心价值观培育和践行的有力载体。红色文化是无数革命烈士用生命铸就的，在沂蒙地区具有强烈的感染力、说服力、潜移默化能力，社会主义核心价值观的培育和践行可以借助于红色文化这一载体，迅速在群众中间普及、推广。沂蒙红色文化中蕴含的内容既是民族精神的体现，也是时代精神的彰显，比如爱军爱党、无私奉献、开拓进取、艰苦创业等，都是活生生的教材，其价值观念、精神境界会潜移默化地影响人民群众，内化为人民群众的认知和行为。“沂蒙六姐妹”“沂蒙母亲”“沂蒙红嫂”就是沂蒙精神的具体体现，这些感人至深的故事打动了无数国人的心，成为无数国人竞相效仿的对象。沂蒙红色文化资源分布比较广，认同性和适合性非常强，可以成为社会主义核心价值观培育的基础。在社会主义核心价值观教育培育过程中，应该利用红色文化这一载体，通过多个渠道大力宣传红色文化内容，提高人民群众此方面的认知能力，并且在社会实践中积极践行，可以使社会主义核心价值观深入人心，形成共识。

第四节　弘扬沂蒙精神对践行社会主义核心价值观的作用

透过沂蒙精神，可以清晰地看到沂蒙根据地艰苦奋斗的精神，和其他革命精神一样，沂蒙精神具有强大的精神动力作用，能够把千千万万的沂蒙儿女凝聚在红旗之下，为中国革命事业贡献出自己的一切。在社会主义建设时期，弘扬沂蒙精神对培育和践行社会主义核心价值观同样起着重要作用。

一、大力弘扬沂蒙精神有利于推进社会主义核心价值观认同与践行

从中华民族精神、伟大革命实践中兴起的沂蒙精神，是社会主义核心价值观的具体体现，从根源上看，两者同根同源，具有内在统一性，区别则是一般和个别、本质和现象的区别。社会主义核心价值观认同和践行的前提条件就是追本溯源，从源头上去分析理论认知，才能让理论认知成为行为的导向。我党一直以来非常注重宣传教育工作，沂蒙精神则是开展此项工作的具体指导思想，只有获得群众的认同和践行，社会主义核心价值观才能够在群众中间普及，才能深入社会实践当中。而对沂蒙精神了解得越是透彻，越能自觉主动地践行社会主义核心价值观。沂蒙精神是中国革命、社会主义建设中成功经验的总结和浓缩，是社会主义核心价值观的文化基础，同时体现了社会群众对高层次价值观的追求。无论是物质还是信仰，在沂蒙精神作用下均能够实现平衡，沂蒙精神推动了沂蒙地区经济的快速发展，创造了巨大的物质财富，为当地的百姓带来了实实在在的实惠，彻底改变了人们重物质轻信仰的思想，用事实说话，用事实证明，在沂蒙精神作用下，物质和信仰实现了平衡。社会主义核心价值观体现了社会各阶层利益的高度统一，是人民群众根本利益的集中体现，沂蒙地区经济的发展、沂蒙精神的丰富和完善，进一步推进了社会主义核心价值观的发展和完善。传承和弘扬沂蒙精神，培育和践行社会主义核心价值观，是我国意识形态领域建设的有效途径。

二、弘扬沂蒙精神内涵中的“爱党爱军”思想，有利于加深军民鱼水情，有利于激发广大人民群众的“爱国”情怀

沂蒙精神的本质和核心之一——爱党爱军，首先体现了沂蒙地区人民群众鲜明的政治立场，其次彰显了当地人民群众矢志不渝的政治追求，坚决拥护中国共产党的领导是沂蒙精神的集中体现。在极度艰难的抗日战争和解放战争时期，沂蒙儿女就以大无畏的牺牲精神始终不渝地坚持党的领导，在党的领导之下和敌人作坚决的斗争。特别是莒南县渊子崖村村民，在抗日战争时期用铡刀、铁锨等简陋的武器和日本鬼子做斗争，其悲壮故事至今感人至深。孟良崮山下女子用地雷炸得鬼子鬼哭狼嚎，用鲜血铺就了一条胜利之路。这些壮举充分表达了沂蒙人民对党的无限热爱。在社会主义现代化建设中，沂蒙精神仍然是宝贵的民族精神，激励着人民群众积极践行促文明、创新风活动，在社会主义核心价值体系建设中起到了模范带头作用。爱党爱军的沂蒙精神，还体现了沂蒙人民坚决拥护人民军队，和人民军队之间形成了鱼水之情。在长期磨难中，沂蒙人民深切感受到只有中国共产党才能救中国，才能带领人民突破黑暗，迎来光明，才能带领人民走向幸福富裕的生活。沂蒙人民把党比作母亲，矢志不渝地追随着党和母亲，把军民之情比作鱼水之情，为军队、为革命可以贡献一切。革命战争时期沂蒙妇女亲自上前线，为战士送上食物和衣服，救治伤员。在和平建设时期，沂蒙儿女为子弟兵送去慰问品，支援军队建设，和子弟兵一起奋斗在需要的地方。大量的事实证明，沂蒙儿女无比热爱党、热爱军队，对党和军队有着无限的忠诚。弘扬沂蒙精神，既能够让特定时期的精神财富重新绽放光辉，还能够进一步激发中华儿女的爱国情怀，增强民族自信心和自尊心，让中国同胞同心同德，为实现中华民族伟大复兴的中国梦而共同努力。

三、沂蒙精神内涵中的“开拓奋进、艰苦创业”思想是实现“富强、民主、文明、和谐”社会主义核心价值观的精神动力

沂蒙精神主题——开拓奋进、艰苦创业，是沂蒙儿女在艰苦卓绝的革命和建设过程中实践经验的总结，也表明了沂蒙儿女为国家的繁荣富强、民族的振兴所做出的不懈努力。革命时期，无数沂蒙儿女为了改变中国落后挨打的局面，赴汤蹈火、前赴后继，为争取自由开展了艰苦卓绝的斗争。沂蒙山区交通不便，经济基础薄弱，条件极其艰苦，即便是在此状态下，沂蒙儿女仍然奋不顾身地投入革命当中。新中国建立之后，沂蒙儿女打破陈规，敢于创新，为社会主义建设做出了不懈努力。莒南县人民为革命做出了巨大贡献，在社会主义改造时期，该县的人民群众仍然走在全国之前。在改革开放之机，沂蒙地区的人民大胆地实践创新，实事求是地寻求发展之路，推动了当地经济建设的进一步发展。临沂历届党委和政府结合当地经济发展的实际情况，提出了工业强市的发展战略，一手大力抓经济建设，另一手抓企业内部改革，一大批乡镇企业得到了快速发展，为当地经济作出了巨大贡献。沂蒙精神形成的动力和保障来自当地人民的艰苦创业。在战争年代，沂蒙人民在恶劣的地理环境中，面临着穷凶极恶的敌人，就是依靠艰苦创业的精神，战胜了敌人、战胜了恶劣的自然条件，在战火纷飞中取得了胜利。毛泽东针对革命战争的残酷明确指出，要珍惜当地的人力物力财力，要做好长期战斗的准备，稳步推进解放区的各项工作，避免资源的浪费和滥用。艰苦创业不仅仅是为了打败日本侵略者，更是为了更好地建设新中国。沂蒙山区自然环境恶劣，具有特殊的政治环境，从而形成了当地艰苦创业的品格，而沂蒙人民艰苦创业的品质形成的根源是党长期培养和教育的结果。沂蒙山区群山环绕，自然条件恶劣，战略物资极度匮乏，但是中国共产党对战略形势进行综合分析，毅然选择了在沂蒙山区建立抗日根据地，沂蒙儿女为抗日根据地的建设贡献出了一切，没有一句怨言，他们凭借着自己的双手自力更生、艰苦奋斗，搞生产、干革命，尽自己最大的努力支援前

线，最终迎来了革命的胜利。在改革开放时期，罗庄镇率先破常规、创新发展，从一个只有几间手工作坊的小镇，迅速发展为拥有几十家现代化企业的明星乡镇，其年产值高达十亿元。沂蒙人民在沂蒙精神的鼓舞之下积极投入美好家园的建设中，用豪迈的气魄大刀阔斧地进行社会主义建设，为民族振兴、国富民强而努力奋斗、不懈前进。

四、大力宣传沂蒙人民“无私奉献”的先进群体典型，是引导人民自觉践行社会主义核心价值观的有效途径

沂蒙精神的核心——无私奉献，体现了沂蒙人民在处理各层利益过程中能够顾大局、识大体、敢于奉献的精神。无私奉献的价值取向，是一种崇高的思想品德，符合党和国家一直所倡导的价值观。沂蒙儿女正是用自己无私奉献的精神，筑起了一个又一个胜利的丰碑。在战争年代，为了取得民族解放，沂蒙儿女不惜流血牺牲，他们上前线，拿起刀枪斧锤与穷凶极恶的敌人斗争。沂蒙精神在沂蒙大地上广为传承，体现了沂蒙儿女对祖国母亲矢志不渝地爱，对这片土地无私地奉献。在社会主义建设时期，沂蒙儿女无怨无悔地奔波在劳作现场，为现代化建设贡献自己的绵薄之力，为国家的富强、民族的兴旺，献计献策、献粮献田、献人献物。当改革开放的春风吹遍了沂蒙山区，一大批大公无私的领导带领着沂蒙山区的百姓投入改革的洪流中。罗庄镇党支部书记王廷江放着百万富翁不当，带领着全村人民努力奋斗，共同致富。沂南制鞋厂刘洪明舍小家顾大家，为企业的腾飞、为当地经济的发展无私奉献。沂蒙儿女在沂蒙精神的作用下奋不顾身投入新时期建设中，成为先进群体的典型，用自身的实际行动去践行社会主义核心价值观。

第七章　沂蒙精神继承与弘扬的因素、路径及措施

弘扬沂蒙精神，能够形成良好的文化氛围，能够推动社会主义现代化建设的顺利进行。只有深入探索沂蒙精神继承与弘扬过程中面临的制约因素，不断探索弘扬沂蒙精神的路径和方法，才能更加深入地传承和弘扬沂蒙精神，更好地构建社会主义核心价值体系。

第一节　沂蒙精神继承与弘扬过程中面临的制约因素

要想使沂蒙精神实现更好地继承和弘扬，必须充分了解受众的需求，契合受众的层次性，重视受众的信息反馈，要对不同层次受众群体按不同标准和要求进行传播，使沂蒙精神大众化，只有这样，沂蒙精神的传播才能够循环往复、螺旋上升式地发展。沂蒙精神的传播过程，是传播者通过一定的方式、手段、途径及载体将沂蒙精神的内涵与时代价值作用于受众，以塑造和转变受众思想和行为的过程，受众的反映是沂蒙精神传播效果的最终体现。但是，目前，处于上升阶段的沂蒙精神传播效果的提升还面临诸多瓶颈。

一、理论通俗化不足，忽视受众的层次性和差异性

目前，大多数关于沂蒙精神的传播活动，还只是局限于对高度概括的“爱党爱军、开拓奋进、艰苦创业、无私奉献”这十六个字的重复宣讲，并没有充分考虑到不同受众的接受能力，这样的沂蒙精神传播活动很难真正取得实效。具体原因是以下几个方面：

第一，不同层次的受众文化水平不同，理解能力各异。1970年，美国著

名传播学家蒂奇诺提出了“知识沟”理论，该理论认为：“那些受过良好教育、社会经济地位较高的人经常能比受教育较少、社会经济地位较低的人更好、更快地获取信息，随着时间的推移，两者间的知识鸿沟将不断扩大。”该理论充分说明，受众的文化水平不仅影响着他们对传播内容的理解，还制约他们对媒介的接触和使用。沂蒙精神具有高度抽象性和概括性，而受众是有着不同生活背景、文化水平和实践阅历的社会群体，他们对理论的理解、认同和接受程度存在着客观差异。因此，只有重视提高受众的文化教育水平，改善传播的软环境，才能更为有效地传播沂蒙精神，持续不断地扩大沂蒙精神的影响力。

第二，沂蒙精神与受众现实需求结合不够，不足以引起受众的接受兴趣。就受众对沂蒙精神的接受来说，受众往往会按自己的兴趣爱好、利益需要、价值态度选择传播内容，当传播内容偏离受众的自身利益或需要时，整个选择和接受过程就很难发生。

第三，沂蒙精神通俗化不足，难以激发受众兴趣。在沂蒙精神传播过程中，结合受众的学习、工作及日常生活，赋予沂蒙精神通俗易懂的表现形式，方能取得入脑入心的传播效果。然而，在实际传播过程中，往往不能充分考虑到受众知识结构、思维习惯以及理解能力的差异，使部分受众对沂蒙精神的内涵与时代价值缺乏必要了解，不清楚其对现实的指导意义，这直接影响了他们的接受兴趣，导致了他们对沂蒙精神的不接触、不了解和不运用。

二、传播内容枯燥乏味、传播形式单一呆板，缺乏对受众的吸引力

当前沂蒙精神传播过程中存在的主要问题是传播内容和形式问题，具体表现在传播内容枯燥乏味，缺乏内在感染力，传播形式单一呆板，缺乏外在吸引力，传播内容脱离实际，缺乏与现实生活的联系。

内容是任何一种传播活动的核心，传播内容的优劣直接决定着传播效果的好坏。目前在沂蒙精神的传播过程中，部分传播者本身对沂蒙精神的理解不够深刻，对沂蒙精神的内涵领会得比较片面肤浅，虽然他们也有意识想改善沂蒙

精神的传播内容，但并没有把沂蒙精神和当前的社会实际紧密结合，根据形势的发展及时创新传播内容，这直接导致了沂蒙精神传播内容的空泛，老套枯燥，脱离实际，导致受众更加不能深刻体会沂蒙精神的真正价值。

此外，沂蒙精神传播形式比较单一呆板，缺乏外在吸引力。当前沂蒙精神的传播形式主要是通过影视剧进行，近几年来，随着传播技术的发展，沂蒙精神也出现了微传播方式，但这种新型传播形式目前只是局限于沂蒙精神，还没有真正实现大规模传播。学校是弘扬沂蒙精神的重要阵地，主要是采取放映红色影视作品、开设红色讲座、组织革命歌曲比赛等方式传播，传播形式仍比较单一，单调呆板，难以调动起受众兴趣。

另外，传播渠道的使用也缺乏科学规划。美国传播学者拉斯韦尔在《传播在社会中的结构和功能》一文中首次提出了“5W”传播模式，又称“拉斯韦尔模式”。该模式将大众传播活动视为五个要素和环节构成的过程，其中传者、受众、信息、传播渠道对传播效果具有决定性意义，而传播渠道又是其中非常关键的因素，传播渠道使用是否科学合理，直接影响传播效果的发挥。目前沂蒙精神的传播渠道主要以大众传播为主，然而这种主流传播渠道在沂蒙精神传播的实际应用中缺乏规划性：一是沂蒙精神主要传播渠道与受众媒介接触习惯不匹配。对受众而言，目前接触最多的媒介主要是网络和手机，而在沂蒙精神的传播中传统媒体的使用远远超过对网络和手机媒体的使用。二是网络传播渠道呈现“网站独大”的局面，忽视了其他传播渠道的使用。传播渠道缺乏科学规划，会陷入盲目传播的境地。

三、传播媒介的使用与受众媒介需求错位

沂蒙精神在传播过程中必须借助一定的传播媒介才能提升传播效果，传播媒介的使用与受众的内在需要实现最佳组合，这是沂蒙精神传播的理想状态。然而，当前沂蒙精神传播的内在需要并没有从传播媒介中得到满足，传播媒介的效用也没有完全契合受众的内在需求。

第一，传播媒介单一，未能满足受众的多样化需求。一是纸质媒体对于沂蒙精神的报道没有很好地做到图文并茂。图文并茂是纸质媒体提高传播效果，增强影响力的关键，而多数关于沂蒙精神的报道更多的是文字报道，仅有少部分配图刊发，这不能对受众带来足够的视觉冲击力。二是新闻网站在传播沂蒙精神过程中未能充分发挥网络媒体的独特优势。一方面，在一些相关宣传网站上没有开辟相应信息反馈通道，未能很好地发挥网络媒体的互动功能。另一方面，部分相关网站不注重微博、微信等新媒体的使用。微博、微信等新媒体以其短、小、精、博的特点吸引了大批用户，忽视了这些传播渠道的使用，将会失去大部分目标受众。三是户外广告制作水平欠佳。广告界有一句流行语："使人注意到你的广告，就等于你的产品推销出去一半。"可见，广告"引人注目"极其重要。然而目前沂蒙精神的户外媒体宣传并不理想，缺乏能反映沂蒙精神的优秀作品。四是媒体间缺乏合作，没有形成传媒合力，因而影响了传播效果。

第二，媒介"噪音"干扰了受众的正常需求。美国应用数学家申农和韦弗合作的《通信的数学理论》一书中，首次将"噪声"引入了传播过程，梅尔文·德弗勒在此基础上提出了"互动过程模式"，该理论认为"'噪声'贯穿于传播过程的每一个环节，'噪声'会影响正常的信息传播活动，也可以成为控制信息传播的手段和策略"。随着现代网络信息技术的快速发展和广泛运用，越来越多的人走进了网络世界，这有助于扩大沂蒙精神的影响范围。但随着改革的深入和经济的高速发展，一系列矛盾和问题也凸显出来，人们价值取向及评判标准呈现出务实化、多元化和功利化的态势，这为互联网平台的"噪音"提供了生存和发展空间。这些"噪音"直接影响了部分受众对沂蒙精神这一先进群体意识的认同，进而影响了沂蒙精神在受众中的广泛传播、吸收和运用。

四、注重单向灌输，未建立有效的反馈渠道

"信息反馈作为信息传播过程中的一个重要环节，操纵、规范整个传播行

为。受众的信息反馈有助于传播者了解相关情况并及时调整传播内容和方式，实现更有效的传播。”然而，当前沂蒙精神的传播并没有建立起科学、有效的信息反馈机制。首先，反馈环节不完善，难以收集受众思想。沂蒙精神的传播不仅仅是以传播者为中心的单向信息灌输过程，而应该是一个双向反馈、不断完善的相互交流过程，要尽可能汇聚广大受众的信息反馈，准确把握受众的兴趣爱好、具体需要等心理需求。其次，倾向单向灌输，缺少反馈通道。沂蒙精神传播中，传播者与受众之间缺少反馈渠道，缺乏沟通与互动，受众很难参与其中，这将直接影响受众对沂蒙精神的接受效果。再次，反馈机制缺少相应的措施保障。沂蒙精神的有效传播需要借助于信息畅通的反馈机制加以保障，而现有状况与需求之间存在较大差距：一是缺乏人才保障机制。尽管当前沂蒙精神宣传队伍不断扩大，但与各项细致工作深入开展所需人员数量相比，沂蒙精神的宣传仍需扩充理论工作者数量，加大队伍建设。二是受众主动参与反馈的动力机制不足。实践证明，受众从沂蒙精神传播过程中得到的实惠越多，就越容易接受沂蒙精神的传播；受众对沂蒙精神的关注度越高，信息反馈的兴趣和动力也就越大。

五、全媒体背景下出现多种文化，沂蒙精神传承有效性不强

灰色文化是指披上现代化外衣的封建迷信、披上科学化外衣的邪教、伪科学等形形色色的难于分辨的没落文化。灰色文化主要宣扬失落感、虚无感、幻灭感、末世感等消极情感，对人的心智尤其是年轻人的世界观、人生观和价值观造成极其负面的影响。当今是全媒体时代，网络的广泛运用和信息的高速传播不仅助推了主流价值观的传播，同样也在很大程度上给灰色文化提供了快速蔓延的缝隙和渠道。社会处在转型期，越是这个时候，人们越浮躁，越容易被形形色色的非主流文化影响。灰色文化具有较强的渗透性，人们刚接触灰色文化时，并不会明显感受到其对自己心智的影响，但是随着时间的推移，它便会如洪水猛兽一样让人玩物丧志，尤其是年轻人，他们慢慢地接触并认可这些宣

传消极避世思想的灰色文化。在这种大背景下，诸如井冈山精神、延安精神、西柏坡精神以及沂蒙精神等的传播便会受到一定程度的影响和阻碍。沂蒙精神作为党和人民宝贵的精神财富，在传播的过程中不能忽略这些灰色文化的影响，应该认识到在传播的过程中存在宣传方式不够多元化、宣传技术有待创新的问题，加大传播力度、转变传播理念、创新传播方式，在全媒体时代传播正能量，抢占主阵地。

六、部分年轻人对沂蒙精神认同感不强，出现信仰危机

据相关研究显示，高校大学生入校后接受思想政治理论教育，但是一部分大学生理想信念不坚定、不了解历史，生活或者学习在沂蒙这片热土，对沂蒙精神不知也不学，即便学了也不认同。临沂大学是一所极具特色的老区红色大学，这里的大学生在刚入校便要接受一门特殊的课程，即“沂蒙文化与沂蒙精神”这个校本课程。在沂蒙文化进教材、进课堂、进头脑的影响下，临沂大学学生慢慢接受了沂蒙文化和沂蒙精神，了解了沂蒙历史以及认识到沂蒙人民在革命、建设时期做出的贡献，一部分同学开始在了解的基础上认同沂蒙文化和沂蒙精神。但是，生活学习在沂蒙热土上的一些年轻人对沂蒙文化和沂蒙精神并不了解、认同感不强，长此以往会导致这些年轻人出现信仰危机。马克思曾指出，任何客观事物的存在和发展都是多种因素相互合力作用的过程和结果。当代年轻人对沂蒙文化知之甚少，对沂蒙精神认同感不强，这种认同危机追其原因，是多方面的。首先，未能从历史角度整体了解、感知和把握沂蒙精神，仅仅是通过零星的碎片化信息解读沂蒙精神。其次，主动接受、学习和弘扬沂蒙精神的动力缺失。一些年轻人把日常关注点聚焦在流行文化，而对于从历史中沉淀而来的红色文化并不感兴趣。最后，部分年轻人没有主动承担传承红色基因，践行并弘扬沂蒙文化的责任。部分年轻人认为包括沂蒙精神在内的红色文化，其挖掘、解释、宣传和弘扬是政府宣传部门的责任，没有认识到作为未来社会主义建设的接班人，应该有宣传和弘扬党和国家宝贵精神财富的使命和

担当。

七、沂蒙文化的历史研究和宣传不足

清代著名学者龚自珍在《定庵续集》里指出，欲知大道，必先为史。灭人之国，必先去其史。习近平同志多次强调，历史经验、历史教训、历史警示，可以为国家治理能力现代化提供有益借鉴。对绵延五千多年的中华文明，我们应该多一份尊重，多一份思考。这足以说明历史的重要性，告诫我们历史教育以及树立正确历史观的必要性和紧迫性。毋庸置疑，沂蒙文化的传承和沂蒙精神的传播离不开对历史的梳理、解读和宣传，这些恰恰是目前沂蒙精神研究和传承过程中的薄弱环节，在一定程度上影响和阻碍了沂蒙精神的弘扬。目前，围绕沂蒙文化和沂蒙精神的文献、图书和相关资料不在少数，但是这些资料集中于宣传资料、文献选编，虽有一些专家从历史角度挖掘研究沂蒙精神的历史内涵和发展轨迹，但是仅仅占据少数，这样便难以让社会大众真正认识到沂蒙精神的本是什么，源在哪里。“沂蒙文化和沂蒙精神”是老区红色大学临沂大学大一新生必修的校本精品课程，对来自五湖四海的大学新生了解沂蒙历史、接受红色熏陶来说起到了极其重要的作用，让他们潜移默化地认识、接受并认同沂蒙精神。但是受主客观原因、内外因的影响，对这些刚进入大学的新生来说，他们仅仅了解了皮毛，知其然而不知其所以然，对沂蒙文化的历史渊源仍然是知之甚少。此外，对于普通民众而言，他们对于沂蒙文化和沂蒙精神并不算陌生，但是很少有人能够知道沂蒙文化的历史发展脉络，甚至对影响深远的战役和历史人物也含糊不清。这很大程度上是因为我们在传承沂蒙文化和宣传沂蒙精神的过程中，对于史实的研究和对历史资料的梳理还存在可以提升的空间。

第二节　新时代社会发展对沂蒙精神发展提出了价值转换的新要求

任何一个时代都有自身独特的时代精神。时代精神是特定时代思想观念的体现。我们当前正处在社会主义现代化建设时期，社会发展迅速、变化急剧，人的思想呈现出多样化发展态势。在此背景下，沂蒙精神只有与时俱进，适应当前社会的转型，迎合时代发展的需求，并不断完善自身的内容，才能够实现自身进一步丰富和完善，形成具有时代特色的沂蒙精神。

中国共产党当前面临着不同的历史使命，只有结合时代的特点、社会发展的需求，制定出新的奋斗目标、政策策略、制度安排，才能够顺利完成时代赋予的使命。无论是新目标、新政策还是新制度，同样是体现了显著的时代性、阶段性特征，任何政策和制度的安排都不是一成不变的，都必须根据时代发展的需求不断地调整和完善，体现政策和制度的工具性特征。相对于基本价值取向来说，任何政策和制度都属于从属地位，只有结合时代特征不断创新和发展，才能适应时代的要求。

从沂蒙精神形成和发展的历史可见，沂蒙精神不同时期有着不同的内涵，同时能够满足不同阶段历史任务的需求，因此沂蒙精神具有久久不灭的生命力，具体体现在：

第一，在新民主主义革命时期，沂蒙精神是实现民族独立、推翻“三座大山”压迫的思想动力；

第二，在社会主义建设时期，沂蒙精神的历史任务主要体现在建设中国特色社会主义方面；

第三，在当代社会，沂蒙精神历史任务体现在创新发展，实现改革开放新目标，适应时代发展，迎接新挑战。

沂蒙精神可以成为推动社会经济发展的强大精神动力之一，成为社会主义现代化强国建设的精神支柱之一。

第三节　进一步弘扬与发展沂蒙精神的路径选择

坚持沂蒙精神的本质和基本要义，发挥沂蒙精神的引领激励作用，才能够丰富沂蒙精神的内涵，彰显其特征。弘扬和发展沂蒙精神，既要打破原有理论体系的局限，又要不断拓宽、增进其内容，还要结合时代需求进行调整，增加新的表述和要求。只有这样，才能获得全党全社会普遍价值认可，才能符合时代要求。

一、沂蒙精神融入社会主义核心价值观教育的长期性

当前，沂蒙精神对社会仍然具有深远的指导作用，只有深刻地分析沂蒙精神和社会主义核心价值观之间的内在联系，才能够把沂蒙精神融入社会主义核心价值观教育当中，提高沂蒙精神的普遍认同性。要把沂蒙精神融入其中，首先需要从理论层面进行探讨，其次需要深入研究实践路径和方法方式。上述两个过程均不是一蹴而就的，需要长期不懈地努力。从理论层面看，沂蒙精神的融入过程，首先必须把两者关系说清说透，从理论上明确两者之间的相互关系。正如人们普遍所认识的，两者在本质上、内涵上是一致的，沂蒙精神是社会主义核心价值观在特定地区、具体社会实践中的体现。

沂蒙精神的形成离不开马克思主义的指导，沂蒙山区人民所取得的巨大成就，则是这种科学指导思想的成功典范；其内涵中所蕴含的理想和信念，充分体现了中国特色社会主义共同理想；其开拓进取、艰苦创业的内涵，充分体现了中华儿女的民族精神和时代精神；其道德价值观念、价值目标、精神境界，属于社会主义核心价值观教育的重要内容之一。由此可见，理论上能够证明沂蒙精神和社会主义核心价值观具有高度一致性。但是针对不同层次、不同职业、不同背景的受教育者来说，这种理论具有一定的局限性，只是空洞的理论说教，很难引发普通民众的高度认同。怎样把这种精神真正融入社会主义核心

价值观教育中，让其成为最生动的教材、最有价值的例证，则需要理论创造者结合时代特征，勇于创新，生成科学的、大众化的理论，让普通百姓能够接受和认同。马克思曾经说过，只有彻底的理论、抓住事物本质的理论，才能够说服人。彰显沂蒙精神时代性也必须抓住沂蒙精神的本质，彻底地对沂蒙精神进行解释，才能够把其融入社会主义核心价值观教育中，体现其时代精神。沂蒙精神的形成不是一蹴而就的，是经历了社会主义革命、建设。整个过程，其内涵极其丰富，但是并不是所有的内容都能够融入社会主义核心价值观教育中，只有那些符合时代要求、容易被人们理解和接受的内容才能够融入其中，才能够发挥精神引领作用。究竟哪些内容符合时代要求？哪些内容容易被人们所理解和接受？不是宣传教育者自己所能决定的。比如，“沂蒙红嫂”“沂蒙母亲”等故事感人至深，但是和当前的时代需求有所偏离，很多青年群体没有切身经历过革命，听过这些故事，虽然会产生一时感动或者一时流泪，但是这种感动或流泪很快就会消失。很多接受过沂蒙精神教育的大学生均有上述感受，普通民众更是如此。在调查过程中，还有很多民众根本不知道沂蒙精神是什么。即便是倡导者竭尽所能地去宣传，但是脱离了受教育者的真正需求，很难收到良好的教育效果。只有立足于当今时代特点，从时代背景中走出来，结合时代特征阐释沂蒙精神，才能够真正彰显沂蒙精神的时代特征。所以，要想把其融入社会主义核心价值观教育中，不能够凭教育者的想当然，应该立足于实践，进行大量的社会调查，了解受教育者的思想动态、思想需求，然后以此为切入点开展教育。

结合具体实践来看，社会主义核心价值观教育涉及多个方面，包括教育主体、教育客体和教育介质，因此是一个复杂的过程。社会主义核心价值观教育深受教育主客体关系的影响。价值观的培育和养成不是一蹴而就的，而具有自身的特殊性，和其他教育过程相比，受到多种影响因素的制约，从教育实施开始，一直到教育效果的体现，则需要一个漫长的过程。十八大报告中用24个字对此进行了概括：富强、民主、文明、和谐，自由、平等、公正、法治，爱国、敬业、诚信、友善，其内容更加直观、更加容易被人民群众所认知和理解。但是在社会现实中，社会主义核心价值观因受到不良社会现象的冲击，会影响到教育效果。所以，在社会主义核心价值观教育过程中，首先要从理论对此进行详细的阐述，其次要从实践加强此方面的教育，让受教育者充分认识社会主义核心价值观的具体内容，将价值观的教育转化为受教育者的自觉自愿行为，形成良好的教育效果。

将沂蒙精神投入社会主义核心价值观教育中，同样是一个复杂的过程，首先要从理论证明两者之间的关系，其次要在具体的教育实践中找到融入的具体方法和路径。实现上述两个目标则需要个人、家庭、政府和社会的共同参与，调动一切能够调动的因素，推动社会主义核心价值观教育的可持续深入。

二、将沂蒙精神转化为广大群众普遍的理想信念

沂蒙精神根植于沂蒙地区肥沃的土壤之中，既是一种文化现象、思想理论，又体现了一种价值原则和时代精神，只有把沂蒙精神内化到实践主体的理想信念之中、价值追求之中，外化为实践主体的行为方式，才能发挥沂蒙精神改造现实社会的功能。要想实现沂蒙精神从理论到实践的飞跃，离不开人们主观上对沂蒙精神的理解和信仰。要把沂蒙精神作为思想教育的重点内容、培育和实践的对象，向理想信念方向转化，具体可以做到：通过思想教育，把革命精神、革命意志传递给受教育者，为社会主义建设培养大批作风优良、开拓进取、信念坚定的优秀人才；把各行各业中践行沂蒙精神的优秀人才集中起来，大力宣扬，提高这些先进模范人物的社会影响力，让他们成为广大人民群众的榜样，人民群众能够从榜样的身上看到实实在在的优良作风、高贵品格，而这些则成为广大普通人民群众效仿的对象，沂蒙精神借助于榜样力量得以大力弘扬和普及；在日常平凡生活中，立足于岗位工作，大力弘扬沂蒙精神，有利于广大群众思想觉悟的提升和升华。

三、推动沂蒙精神话语体系进一步走向大众化

理论来自实践，同样对实践起到指导作用，发挥理论的指导作用，首先要把理论成果用通俗性的语言进行表达，用最简单的方法对社会现实问题进行解释，这样才能够让群众易于接受、易于理解。沂蒙精神包含着丰富的理论价值，只有通过大众化的语言来表述，才能让理论更加生动鲜活、亲切和形象，才能更容易被群众所理解和接受。

第一，将政治话语转化为大众文化，用普通民众的话语系统去诠释沂蒙精神。沂蒙精神是共产党人政治品格的凝聚和体现，只有创新和变革当前理论解读的方法和渠道，用最为大众化的方式去阐述理论的内涵，关注民众关注的问题，才能把沂蒙精神深入千家万户，成为家喻户晓的大众文化，才能获得群众的认同。

第二，用日常生活语态去诠释沂蒙精神的思维模式，化解不同文化之间的冲突。只有在细微上下功夫，把沂蒙精神融入民众日常生活中，才能够体现沂蒙精神的人文关怀，让群众切身感受到沂蒙精神的本质和内涵，潜移默化地接受沂蒙精神，自觉地践行沂蒙精神。

第三，针对崭新话题、鲜活实践，要进一步增强沂蒙精神的包容性。当社会进入新的历史时代，社会思潮出现了新特征、新规律，人民群众精神文化需求发生了翻天覆地的变化，只有运用新工具和新载体，分析这些新规律和新变化，提取行业和领域中的话语资源，综合分析当下流行的非主流语言，通过兼容和消化，去发现社会发展规律、挖掘时代精神，构建更加完善的主流话语体系，让沂蒙精神转化为人们喜闻乐见的形式，内化为人们的思想和行为。

四、充分发挥沂蒙精神作为精神“生产力”的能动作用

沂蒙精神是一种巨大的精神动力，把这种精神力量转化为物质力量，能够充分调动人民群众生产积极性、创造和实践能力，有利于推动社会生产的快速

发展和进步。沂蒙精神中的自强不息、开拓进取、昂扬向上等，是民族形象、民族精神的体现，应该进一步弘扬和发展，让其成为社会经济发展的精神动力。只有充分发扬沂蒙精神的时代精神，彰显其正面价值力量，才能营造一种健康文明的生态文化环境，才能对环境中的经济人起到正向约束作用。

总之，沂蒙精神从萌芽出现，一直发展到现在，经历了一个不断变化的过程，面临的时代语境已经发生了巨大的调整，但沂蒙精神的本质和内涵依然不变，具有强大的生命力，需要和时代内容、时代精神有效融合，才能够重新焕发沂蒙精神的光彩，才能够让符合时代特征的沂蒙精神成为广大人民群众自觉自愿的思想意识、普遍的价值追求，成为社会主义现代化建设的精神动力。

第四节　在宣传与弘扬沂蒙精神中践行党的初心使命

我们不是经验主义者，但我们的主义里有着伟大的经验。沂蒙精神承载着党多年的发展经验，是无产阶级政党生存发展的智慧结晶。新时代条件下，实现中华民族伟大复兴的中国梦，需要弘扬沂蒙精神，践行党的群众路线。

一、充分发挥沂蒙精神作为践行党的初心使命的思想引领作用

党和人民的血肉联系，是沂蒙精神的本质所在，它是在实践过程中凝集、提炼和发展起来的，根深蒂固地扎根于沂蒙人民的理想追求和信念之中。正是这种恒久不变的品质，是沂蒙人民向心力和凝聚力的源泉。党的十九大报告指出，全党同志一定要登高望远、居安思危，勇于变革、勇于创新，永不僵化、永不停滞，团结带领全国各族人民决胜全面建成小康社会。这一奋斗目标反映了我国各族人民的共同理想和愿望，但是在沂蒙革命老区，怎么把弘扬沂蒙精神与学习贯彻习近平新时代中国特色社会主义思想，与提高干部领导能力和执政水平，与培育践行社会主义核心价值观，与加快实施山东新旧动能转换和由大到强战略性转变等紧密结合起来，从而把对沂蒙精神的宣传和弘扬提升到一

个新高度，进而最大限度地凝聚和动员沂蒙人民的智慧和力量，有效地应对各种挑战，对我们是一个巨大挑战。这个过程，不仅需要我们进行长期的艰苦奋斗，更需要通过培育和弘扬沂蒙精神中水乳交融、生死与共的精神特质，为践行党的初心使命提供前提保障和强大的思想基础。

二、充分发挥沂蒙精神作为践行党的初心使命的载体作用

弘扬沂蒙精神的有效性与高效性在于其鲜明的地域性、时代性和针对性，如何使广大群众感到沂蒙精神近在眼前，可感可亲，必须发挥好沂蒙精神作为践行党的初心使命的载体作用。载体作用的发挥是一个长期的探索和修正的过程，也是一个需要调动包括个人、家庭、政府、社会等诸多因素共同参与的系统工程，要把握好向、时、度、效，按照"坚持全民行动、干部带头，从家庭做起，从娃娃抓起"的要求，通过宣讲、报纸、广播、电视、互联网、户外公益广告等丰富多彩的形式来推介，使广大人民群众切实感受到沂蒙精神的宣传氛围。要组织沂蒙精神宣讲团，赴机关、社区、企业、农村、学校，面向社会深入宣讲沂蒙精神，在全市掀起新一轮弘扬沂蒙精神的热潮。要组织开展沂蒙精神进校园活动，在广大青少年学生中，围绕树立社会主义核心价值观，组织开展"学习沂蒙革命历史，践行沂蒙精神"教育活动。在广大群众中，要组织开展"继承优良传统，再创沂蒙辉煌"系列教育活动。要深化拓展以弘扬沂蒙精神为核心的文明行业、文明单位、文明机关、文明社区、文明家庭、文明村镇、文明集市、乡村文明示范村和乡村文明家园创建活动，在全社会形成弘扬沂蒙精神，知荣辱、讲正气、做奉献、促和谐的文明风尚。特别重要的是党员领导干部要做践行沂蒙精神的表率。党员领导干部依然要以沂蒙精神为准绳，加强道德修养，做信念、尽责、服务、纪律的表率，不断增强自身的责任担当意识，忠诚于党，服务人民，真正使沂蒙精神在党政干部和人民群众中入耳、入脑、入心、入行。

三、充分发挥沂蒙精神践行党的初心使命的作风保障作用

沂蒙精神的发展史，就是党员干部与人民群众血肉相连、休戚与共的历史。每当我们提起沂蒙精神，往往不是想起这样那样的豪言壮语，而是沂蒙“红嫂”用乳汁抢救伤员的感人场景，是无数辆手推车冒着敌人的炮火奋勇支前的壮观画面。这场景、这画面就是党员干部和人民群众鱼水情深、水乳交融的真实写照，也正是沂蒙精神经久不衰、凸显光彩之所在。但不可否认的是，在长期执政的条件下，有些党员干部思想作风出现了这样那样的问题，有的宗旨意识淡薄，理想信念动摇，滋生了严重的官僚主义、形式主义和享乐主义，与人民群众的关系发生了严重扭曲，有的腐败堕落，甚至违法犯罪，严重侵害了人民群众的权利和利益，损害了党的形象与威信。解决这些问题的关键是要转变工作作风，深入基层、深入群众，了解体恤民情，保持和群众的鱼水关系、血肉联系，做到在任何时候、任何情况下，与人民群众同呼吸共命运的立场不能变，全心全意为人民服务的宗旨不能变，相信群众依靠群众的基本思想方法不能变。而沂蒙精神特别是其蕴含的水乳交融、生死与共的精神实质就为我们广大党员干部始终站稳群众立场，牢记所肩负的职责任务，密切同人民群众的血肉联系提供了思想指引和作风保证。只要切实将水乳交融、生死与共的精神落在实处，时时处处坚守人民主体地位的根本立场，把人民的智慧、力量和积极性、创造性都发挥出来，就能众志成城，无往不胜。

四、充分发挥沂蒙精神践行党的初心使命的价值观引导作用

党和人民鱼水情深、水乳交融是沂蒙精神的重要品格，也是沂蒙精神的精髓和生命力所在，它决定了沂蒙人民的价值取向，并且熏陶、塑造着一代又一代的党员领导干部。在全面建成小康社会的进程中，这种价值取向尤为可贵。当前，沂蒙老区面临着一系列的矛盾和困难，诸如体制改革问题、工业基础薄弱问题、现代服务业发展比较缓慢问题、农业现代化发育程度低的问题等。这

些问题不解决，小康社会的目标是难以达到的。诚然，解决这些困难和问题，首先要依靠经济的发展，实现小康社会的奋斗目标。但是，有一点必须明确，沂蒙精神与临沂经济的发展相辅相成，而且在一定条件下决定着经济发展的走向和发展速度，具有经济力量所不可替代的功能，特别是在临沂经济基础相对较弱的条件下，更要发挥沂蒙精神的引导和激励作用。沂蒙精神不但具有强烈感召力和推动力，而且有明确的价值取向，是我们克服前进道路上各种困难的精神动力。因此，临沂在全面建成小康社会的进程中，在加强经济建设和政治建设的同时，要大力弘扬沂蒙精神，把水乳交融、生死与共的精神品格和沂蒙人民吃苦耐劳、纯朴善良、诚实守信的人格特征相结合，进一步激发广大干部群众昂扬向上的士气和开拓进取的锐气，最大限度地把智慧和力量汇聚到加快建设新临沂的伟大实践中来，凝聚到全面建成小康社会的宏伟目标上来，努力形成真抓实干、干事创业、争先发展的强大合力和浓厚氛围。

第五节　充分运用全媒体传播沂蒙精神

在互联网快速发展的今天，网络不再是旧时王谢堂前燕，而是已经进驻寻常百姓家。随着信息技术的发展和普及，文化的传播速度和传播技术也随之踏上“高速路”。随着互联网的发展，以媒介融合为特征的全媒体时代已经到来。不同的传播媒介进行着整合，逐渐形成了一股影响巨大的全媒体浪潮。全媒体的概念来自传媒界的应用层面。随着科技的发展，尤其是网络的运用，传统的媒体形式不断变化，新的媒体形式不断出现，媒体内容、功能和渠道逐渐融合，使得人们在使用媒体的概念时需要涵盖内容和意义更广阔的术语。因此，“全媒体”的概念开始被使用并被广泛接纳。

2009年，中国人民大学新闻学院彭兰教授在《媒介融合方向下的四个关键变革》一文中提出全媒体的概念并予以解释。她认为：“全媒体是指一种业务运作的整体模式与策略，即运用所有媒体手段和平台来构建大的报道体系。”

我们认为，全媒体是指媒介信息传播采用文字、动画、声音、影像以及网络等多种媒体表现手段，利用音像、广播、电视、报纸、杂志、电影、网络等不同媒介形态，通过融合的广电网络、电信网络以及互联网络进行传播，保证用户用电视、手机和电脑等多种不同终端均可接收信息，最终实现任何人在任何时间、任何地点通过任何终端都可以获取他们想要的信息。

文化的内涵不断丰富，文化的传播速度逐步提高，文化的传播渠道和传播方式必然要紧跟时代步伐。不仅新兴的文化要选择新的传播媒介和传播方式，传统文化也需要不断磨合，尽快适应新的传播媒介和传播方式。2012年7月，浙江卫视通过全媒体手段传播和推广大型音乐节目《中国好声音》，不但收到了良好的社会评价，而且极大地影响了传统的文化传播媒介。随后，全媒体传播受到关注和重视，各种文化逐渐打开了全媒体传播的通道。

全媒体传播呈现传播主题多元化、传播内容碎片化、传播渠道扁平化和传播效果最大化等特点。全媒体时代的到来要求我们用一种全新的思维去重新审视文化的传播，尤其是红色文化的传播。沂蒙精神是我国红色文化的重要组成部分，具有历史蕴意和地域特色，无论是在战争年代还是全面深化改革的今天，沂蒙精神都发挥着不可替代的作用。但是，在全媒体时代，由于受到流行文化的冲击，沂蒙精神的弘扬和传播面临着多重危机。所以，新形势下，继承、弘扬、传播和创新沂蒙精神迫在眉睫、刻不容缓。

一、充分运用全媒体传播沂蒙精神有助于再造红色经典

红色文化包括革命遗迹等固态文化、在革命战争年代形成的革命精神以及反映革命战争年代民众生活状态和精神面貌的红色经典。沂蒙精神是极其宝贵的革命精神，是在革命战争年代军民生死与共、水乳交融铸就的红色文化和红色精神。正是因为有血有肉的无私奉献的人和历史史实才让沂蒙精神更加有影响力和感染力。以沂蒙这块热土以及奋战在这片热土上的民众为原型创作而成的红色文艺，不仅以一种生动形象、有感染力的方式再现了革命战争年代沂蒙

军民生活和参战的场景，还塑造了一大批广为流传的红色经典。

沂蒙红色影视、红色报刊、革命歌曲、舞台剧等红色经典为当今民众了解和认同沂蒙精神提供了极其丰富和宝贵的材料支撑。但是，有些人认为，在全媒体时代，这些红色经典太枯燥乏味，跟不上时代步伐，慢慢地过时了。这种思想虽然不恰当，但也反映了一个问题，仅仅依靠传统的、单一的文艺创作方式，无法将沂蒙这片热土上有血有肉的英雄人物全方位地展现出来，不仅不能还原历史，甚至会歪曲历史史实，不利于民众尤其是青年一代从全局总体上把握沂蒙文化，认同并主动践行沂蒙精神。

全媒体时代为沂蒙红色经典的重现和沂蒙精神的弘扬提供了多平台、全方位、多维度的文化传播途径。微信、微博、微小说以及微视频等之所以受到民众喜爱，重点便在于其“微”。如何利用这些微型传播方式把沂蒙红色经典中的革命人物和事迹对沂蒙精神的弘扬至关重要。让彰显沂蒙精神的战争史实、英雄事迹和民众支前的始末不再冗长，用简洁明了的方式展现出来，才能让民众重新认识红色经典，把握沂蒙文化，认同沂蒙精神。

二、充分运用全媒体传播沂蒙精神有助于创新沂蒙精神传播载体

全媒体不仅包括与互联网相伴而生的新媒体，也包括传统媒体，特点在新和全。新媒体不仅能够以多种渠道传播沂蒙精神，还可以在接收端呈现出各式各样的表现形式。这一方面创新了沂蒙精神的传播载体，同时也以不同的传播方式让沂蒙精神在新时代被赋予新的生机。全媒体中的传统媒体以其稳定性和权威性在沂蒙精神的传播过程中占据一席之地。

由此可见，传统媒体的权威性和新兴媒体的便捷性是沂蒙文化有效传播的双重合力。在沂蒙精神传播过程中，应充分运用全媒体，将传统媒体和新媒体融合，优势互补。

从沂蒙精神的传播载体来看，沂蒙精神的传播大多依靠传统媒体，如电视媒介宣传、报刊宣传，这些宣传方式因其受众群体的稳定性和内容的权威性收

到了一定程度的宣传效果。传统媒体主要依靠自上而下的权威管理化传播，新媒体则以自下而上的发散式信息交流方式传播各色文化。但是，从长远来看，运用全方位、多渠道、多维度的新媒体宣传和弘扬沂蒙精神是大趋势。所以，运用全媒体解读沂蒙文化，阐释和弘扬沂蒙精神不仅是对红色文化传播载体的创新，也是社会智能化发展的必然要求。

三、充分运用全媒体传播沂蒙精神有助于提升红色教育的效果

全方位育人是红色文化的重要意义所在，充分发挥包括沂蒙精神在内的红色文化的育人作用是思想政治教育的必然要求。新时期，为了更好地适应时代潮流，满足民众不同需要，沂蒙精神的传播需要把其传播手段变得便捷化、直观化、简洁化和去中心化，恰在此时，全媒体为其提供了多渠道和多平台。在全媒体时代，民众随时随地都在接受碎片化信息的熏陶和渗透。囿于时间和空间的限制，只有极少数人才有时间和精力主动了解沂蒙精神，挖掘沂蒙文化，所以沂蒙精神的育人功能和红色教育功能便难以全面彰显。红色教育不能仅仅停留在传统的官方宣传，应该与时俱进，借力互联网，运用全媒体进行全方位、多渠道的包装和宣传。无论是社会传播，还是校园教育，沂蒙精神的传播和弘扬都应该充分利用全媒体的便利和优势，拓展、丰富、创新沂蒙精神内涵。同时，运用多媒体培养沂蒙精神育人的氛围，帮助民众多渠道了解革命战争的始末，主动接受沂蒙红色文化的熏陶，并从沂蒙精神中汲取革命力量，增强沂蒙精神红色育人教育的感召力和影响力。

第八章　社会主义核心价值观视域下继承与弘扬沂蒙精神的具体措施

弘扬民族精神和时代精神，开展多种形式的爱国主义教育，可以不断丰富人民群众的精神世界，不断增强人民群众的精神力量。沂蒙精神从革命实践中产生，并随着社会主义的发展而发展，在新的历史时代下，只有与时俱进，紧跟时代步伐，吸取时代精神，迎合时代需求，才能永葆青春、历久弥新。只有实现文化内容、形式等方面的创新，才能实现文化的繁荣。沂蒙精神只有通过不断创新才能够得以弘扬和发展。

第一节　建立健全弘扬沂蒙精神的政策调控机制

政策通常指的是法规、条例和社会准则等，其目的就是为了解决经济和政治发展过程中所出现的问题。对经济、政治和文化的发展来说，政策规定决定着企业发展方向和发展内容，具有重要的影响作用。政策规定对社会发展起着重要的调控作用，要想建设和发展沂蒙精神，就必须制订相关制度和政策，积极落实制度和政策的执行，创造一个良好的政策环境，对沂蒙精神的弘扬提供条件。

一、宏观导向方面：党和政府重视建设和发展沂蒙精神

在社会资源掌控方面，党和政府具有得天独厚的优势。所以在沂蒙精神的弘扬过程中，党和政府起着举足轻重的作用。只有提高党和政府的重视程度，才能形成一个良好的发展空间，进一步弘扬沂蒙精神。沂蒙精神诞生于新民主

主义革命时期，这一时期形成的革命精神种类颇多，包括长征精神、延安精神、西柏坡精神、沂蒙精神等，很多革命精神在传播初期没有得到当地政府部门的支持，其传播主要依靠文学艺术家通过文学作品进行传播，比如，《南征北战》《红日》等，成为革命精神传播的主要渠道。这种传播方式单一，传播渠道狭窄，无法把沂蒙精神价值作用充分彰显出来，也无法提高人民群众对沂蒙精神内涵的理解和认同，甚至社会上会出现对沂蒙精神的误解现象，认为沂蒙精神无用，等等。基于上述状况，党和临沂当地政府对此高度重视，并采取了很多措施来宣扬沂蒙精神。在沂蒙老区，党和国家批准了多处国家级抗战纪念设施，针对沂蒙红色文化产业建设，中央和当地政府不断增加此方面的财政投入，启动了多条红色旅游路线，对革命遗迹和纪念地进行了整体规划、全面整修，建设了多个爱国主义教育基地，成为广大青少年沂蒙精神、爱国主义精神培养和教育的重点基地。针对沂蒙精神的宣传和弘扬，临沂成立了专门工作小组，配备了专业的工作人员，全面致力于沂蒙精神相关事宜的处理中，同时包括促进红色旅游的发展和完善。针对沂蒙精神的弘扬和宣传，党和政府结合当地的实际情况及沂蒙文化产业发展的具体情况，制定了相关的政策，形成了良好的环境，为沂蒙精神的弘扬提供保障。

二、微观指导方面：各级主管指导部门实施可操作的发展规划和政策

实现全面建成小康社会的目标，就要不断满足和丰富人民群众精神文化生活需求。鼓励文化建设，不断提升文化产品质量，为人民群众提供更优质的精神食粮，满足人们日益增长的精神文化需求。各地政府积极响应党的号召，对文化资源、红色资源进行整合，面向基层、服务群众，并加大了此方面的财政投入，为红色文化教育的发展创造了条件。具体措施包括：第一，针对红色资源保护，完善了此方面的法律法规，从立法的高度为此提供保障；第二，免费开放更多的红色文化服务设施，用群众喜闻乐见、大众化的方式大力宣传沂蒙精神；第三，倡导全民阅读活动，鼓励民众学习和阅读红色文化，通过群众性

的文化普及工作，提高人民群众自我表现、自我教育和服务能力，唱响时代主旋律，壮大主流思想舆论，引领红色文化健康、持续发展。

近年来，沂蒙精神不仅得到临沂市的高度重视，还受到山东省的关注和重视。山东省不仅多次召开重要会议强调弘扬沂蒙精神的重要性，还多次打造各种平台鼓励专家学者研究沂蒙精神，营造氛围弘扬沂蒙精神。除此之外，2017—2018年，《人民日报》也多次对沂蒙精神进行专题报道，扩大了沂蒙精神在全国的影响力。但是，沂蒙精神的重视和弘扬不仅需要官方的提倡和鼓励，更需要普通民众的自我认同、重视和弘扬。沂蒙精神大众化是使之成为民众的自觉追求，让民众对沂蒙精神的理解和认同内化于心，外化于行。这就要求宣传部门和建立于烽火之中的临沂大学加大宣传力度，讲好沂蒙故事，传播好沂蒙声音。讲好沂蒙故事的根本是要重视历史，真实地还原沂蒙这片热土上感人至深的革命历程和伟大的抗战事迹，让历史的画面再一次演绎，这样可以感动更多的人。讲好沂蒙故事的核心是重视细节，故事的细节最能引发共鸣，也是推动故事情节发展的催化剂，只有把革命年代沂蒙人民支前抗战的具体细节挖掘出来并展现出来，才能让中国乃至世界为之动容，为之感慨。只有足够重视沂蒙精神的发展和弘扬，沂蒙精神才能如同滚滚沂河水奔流不息，源远流长，滋润着沂蒙这片热土，滋养着纯朴无私的沂蒙人。

为了弘扬沂蒙精神，临沂市各级主管部门相互配合，调动学术界、文艺界和建筑设计界等集思广益、齐心协力，策划了一系列的活动。广播局和报社等宣传单位也积极配合，通过文艺宣传片、电影电视作品、文学作品等宣传沂蒙精神，让沂蒙精神能够通过喜闻乐见的形式在广大人民群众中得以传播。2017年，针对弘扬和宣传沂蒙精神，临沂市开展了系列活动：第一，在学术方面，当地成立了沂蒙精神研究会，研究会的主要工作就是探讨沂蒙精神的时代特征、设置专栏、发表最新研究成果。在沂蒙精神研究会的促进下，沂蒙精神的相关理论得到了进一步完善和发展，并从学术上明确了弘扬沂蒙精神的可行性和必要性。第二，在文艺方面，当地文艺界结合沂蒙精神，成功上演了多部剧，《沂蒙颂歌》是大型乐舞诗，展示了新时代下“大美临沂”风貌。《红嫂》是另一部成功上演的大型文艺作品，充分体现了沂蒙人民爱军爱党、无私奉献的精神。文艺界通过人民群众喜闻乐见的形式，对沂蒙精神进行宣传，让沂蒙精神深入人心。第三，在规划与设计方面，当地规划了红嫂广场、沂蒙精神雕塑群。为了进一步展示沂蒙精神，当年还举行了沂蒙红色雕塑设计展，不同的部门在沂蒙精神弘扬和宣传方面职责明确、配合得当，并制定了切实可行的宣传措施和宣传策略。在各部门的协调配合和共同推动之下，沂蒙精神在全国范围内可以广泛传播。

除临沂市外，近年来，山东省委党校牢记习近平总书记嘱托，以“六个一”为抓手，始终走在深化沂蒙精神研究的前列，为弘扬“水乳交融、生死与共”的新时代沂蒙精神做出新贡献。

搭建一个平台。山东省委对沂蒙精神研究高度重视，2017年专门出台《关于大力弘扬沂蒙精神的意见》，决定加强领导力量和研究力量，成立由省级领导担任会长的山东省沂蒙精神研究会。新成立的沂蒙精神研究会将发挥高层次研究平台的龙头带动作用，统筹整合省内外沂蒙精神研究资源，打造国内知名的沂蒙精神宣传、研究“旗舰”，将弘扬新时代沂蒙精神焕发出的巨大热情，转化为在全面建成小康社会中走在前列，在打造乡村振兴齐鲁样板中走在前列，全面开创新时代强省建设新局面的精神动力。

成立一个中心。山东省委党校诞生在孕育沂蒙精神的临沂沂南。为发扬光大沂蒙精神提供理论支撑和智力支持，既是省委交办的任务，更是广大教研人员的责任。以马克思主义学院为依托，省委党校新成立沂蒙精神研究中心，在经费资助、人员配备、交流合作和职称聘任上出台具体措施加以支持。研究中心与挂靠省委党校的2个省理论建设工程重点研究基地、2个省社科重点研究基地和1个省级学会实行资源统筹、信息共享，力量互补，围绕沂蒙精神的历史渊源、发展脉络、核心特征、当代价值进行深度研究，力争在短时期内推出高层次研究成果。

举办一次会议。2018年11月23日，山东省委联合中央党校（国家行政学院）、人民日报社在临沂市主办了“水乳交融生死与共”沂蒙精神与新时代党群关系理论研讨会。会议深入学习贯彻习近平新时代中国特色社会主义思想，习近平总书记视察山东重要讲话、重要指示批示精神和关于沂蒙精神的重要论述，深入研究沂蒙精神的丰富内涵、本质特征和重大意义，激励全省上下传承红色基因，发扬党的优良传统，更好地凝聚起实现中华民族伟大复兴中国梦的磅礴力量。与会人员一致认为，沂蒙精神贯穿着马克思主义群众观和党的群众路线，诠释了中国共产党人的奋斗精神、对人民的赤胆忠心，把党的初心和使命变为人民群众翻身解放、创造美好生活的生动实践，换来人民群众对党的无限信任，彰显了党的领导的伟大力量，彰显了人民群众投身革命建设改革开放的雄厚伟力。

打造一个品牌。利用重要纪念节点召开理论研讨会并形成惯例，及时宣传推介研究成果，将沂蒙精神研究打造成山东省理论界和全国党校系统学术研究的知名品牌。通过品牌建设促进学术研究的整体性提升，吸引越来越多的知名专家学者投身沂蒙精神研究，进一步全景还原揭示沂蒙精神经过革命战争年代的洗礼、和平建设岁月的陶冶、改革开放时期的升华，成为弘扬红色传统、传承红色基因载体进而成为中华民族自强不息的强大精神力量的伟大历程。

立项一批课题。从“团结奋斗、无私奉献、艰苦创业、求实创新”到“爱党爱军、开拓奋进、艰苦创业、无私奉献”，一直到今天的“水乳交融、生死与共”，沂蒙精神的内涵随着时代的发展而凝练，也必将随着时代的发展而提升，立项课题开展研究势在必行。在省委宣传部的关心支持下，省委党校申报的“沂蒙精神与中国共产党精神谱系研究”首次立项为马克思主义理论建设工程重大课题。在此基础上，省委党校推动将沂蒙精神研究列为省理论建设工程“四大平台”重要内容，列入创新工程科研支撑项目和全省党校系统智库联盟项目选题范围。以课题带动为载体，全省社科界和党校系统掀起了学习、研究、宣传沂蒙精神的热潮。

组建一支队伍。深化沂蒙精神研究，队伍建设是关键。近年来，山东省委党校结合研究基地建设，打破部门、学科和身份界限，组建了一支以党史党建学科为主体、多学科研究人员为补充、在省内外有一定影响力的沂蒙精神研究队伍。团队成立以来，分别围绕沂蒙精神在革命战争年代参军支前、社会主义建设时期努力奋斗改变恶劣生存条件和改革时期加快发展实现整体脱贫三个不同历史阶段的生动实践重点研究，收到较好效果，多篇文章先后在《人民日报》《学习时报》等报刊发表，有的研究成果以内参形式上报省领导。省委主要领导对省委党校报送的《关于加强山东省红色文化地方立法工作的建议》《关于深化沂蒙精神研究的三个问题》做出肯定性批示。

第二节　构建多主体多向度沂蒙精神践行机制

一、构建沂蒙精神，巩固党的执政基础

我们党从成立至今，一直为中国人民的根本利益努力奋斗，将全心全意为人民服务、密切联系群众的思想视作党的根本工作宗旨和优良作风，把从群众中来到群众中去的群众路线归结为党的根本政治路线和工作路线。

根植于沂蒙大地的沂蒙精神是带有鲜明地域特色的先进性群体意识，是山东党政军民水乳交融、生死与共关系的具体表现，其核心体现了“群众—政党”的结构，充分反映了中国共产党与人民群众共生共荣、血肉相连的密切关系。革命战争年代，在山东革命根据地，党为人民利益鞠躬尽瘁，人民群众的政治、经济和文化权益得到了切实保障。党和人民军队在沂蒙地区的革命斗争实践中，始终坚持人民的利益高于一切。1942年4月，刘少奇一行到达中共山东分局、八路军第115师师部驻地临沭县朱樊村开展工作。刘少奇山东之行对山东敌后军民克服困难、坚持抗战起到了显著的指导作用，使山东根据地的各项工作尤其是减租减息运动和群众工作得以顺利开展。1939年春天，罗荣桓

与陈光率第115师师部和主力一部进入山东，罗荣桓在沂蒙战斗和生活的六年多时间，始终秉承着崇高的理想信念，带着病体忘我工作，为抗日战争的胜利立下赫赫战功，他用自己的行动向广大军民展现了党的先进性与纯洁性。

中国共产党人坚持知行合一、率先垂范，党的先进理论、路线纲领和方针政策深入人心，得到了人民群众最忠心的拥护。党为人民谋幸福的自觉意识与革命实践，唤醒了老区人 民崇高的政治觉悟，激发起老区人民强烈的奉献与牺牲精神，老百姓积极拥军、参战、支前，把对共产党及革命事业的忠诚与奉献精神演绎到极致。社会主义建设新时期，作为我党工作法宝之一的群众路线依旧有着强大的生命力，党把维护好群众利益视为一切工作的出发点和落脚点，在新的历史条件下，沂蒙精神成为推动沂蒙地区经济社会发展的强大精神动力。为了改变贫穷的生活面貌，在党的正确指引下，在沂蒙精神的激励与感召下，大批党员干部不怕困难、敢于吃苦，带领群众脱贫致富，沂蒙大地取得了翻天覆地的变化。沂蒙广大党员同人民群众一起艰苦创业，奋力开拓，在他们身上既有改革开放的时代意识，又有无私奉献的革命传统精神，体现出新的历史时期党同人民水乳相融、共同奋斗的新的精神风貌。

在现阶段，全面深化改革事关巩固党的执政基础，事关国家的长治久安，更需要伟大的精神动力作为支持。广大党员干部应当继续传承和弘扬沂蒙精神，带领沂蒙人民冲破旧思想、旧体制观念的束缚，知难而进、不怕挫折、大胆探索、勇于实践，发挥创业智慧和创业精神，将全面深化改革的具体措施落到实处，为全面建成小康社会、为人民群众共享改革开放的福祉努力奋斗。

从沂蒙精神的形成与发展过程中可以得出我党的根本宗旨：全心全意，为人民服务，这是沂蒙精神推动中国革命和社会主义现代化建设的价值源头，也是我们党的政治优势之所在，其执政地位与执政权力是人民群众选择的结果。沂蒙精神反映了沂蒙人民对马克思主义和对中国特色社会主义道路的不懈追求，对党的崇高永恒的信仰和奋斗理想深信不疑，这也是沂蒙精神对促进党执政合法性的重要理论基础。在新的历史条件下，要深刻把握沂蒙精神的精神实质和价值意蕴，用新的话语体系为中国共产党执政合法性寻找有力依据。要通过不断弘扬与践行沂蒙精神的时代价值，加强党的执政能力建设，使沂蒙精神在建设中国特色社会主义现代化建设事业中起到积极的导向作用。

二、构建沂蒙精神的教育引导机制

沂蒙精神所蕴含的热爱祖国、服务人民、团结互助、艰苦创业、开拓奋进、诚实守信、顾全大局、无私奉献精神是共产主义道德在中国大地上的生成和实现，是中华民族传统美德、优秀革命道德与时代精神的有机结合。通过沂蒙精神的宣传与教育，发挥沂蒙精神的导向、教育、激励等功能来引领社会发展的新风尚，使民众在此过程中自觉、主动地认同并接受沂蒙精神所传递出来的价值观念。在新时期，尤其要注重加强以为人民服务的沂蒙精神教育。通过教育，使广大人民群众，特别是党员干部确立为人民服务的思想，使为人民服务的思想道德体现在工作的各个方面，变为全社会成员的实际行动。

沂蒙精神的有效宣传与教育对社会各主体树立崇高的政治信仰，推动社会主义精神文明建设，将起到有效的示范作用。教育部门、相关教育机构及各级学校应充分利用革命历史文化遗存等教育资源，凸显沂蒙精神教育的革命历史与时代发展特色，提升青少年核心价值观建设的实效性。临沂有大量的红色文化资源，沂南红嫂纪念馆、华东革命烈士陵园、沂蒙山小调诞生地、大青山战役遗址、孟良崮战役纪念馆、山东省政府旧址、八路军第115师司令部旧址、新四军军部旧址纪念馆等教育基地，真实记录了我党与广大军民在革命战争年代英勇奋战的壮丽景象，把伟大的沂蒙精神生动、直观地再现出来。这些爱国主义和沂蒙精神教育基地，是进行爱国主义和革命传统教育的重要课堂，是开展思想政治工作的重要载体和有效途径，也是加强未成年人思想道德建设的重要阵地。

临沂大学依托沂蒙老区红色文化优势和红色资源优势，把沂蒙精神教育贯穿到整个教育过程之中，通过实施临沂大学红色育人工程，在潜移默化中塑造学生的社会主义核心价值观，取得了事半功倍的良好育人效果。

政府宣传部门及企事业组织要密切结合社会实践活动，利用革命老区资源优势，深入采访革命群众，引导群众参与，挖掘革命史实素材，丰富沂蒙精神的内涵，形成弘扬沂蒙精神的新型理论阵地。通过群众喜闻乐见、易于接受的方式，把弘扬沂蒙精神与各种教育形式融为一体，推动形式多样的群众性教育活动，突出沂蒙精神在宣传教育方面的影响力和感召力，从而提升群众的思想政治觉悟与道德水准。树立践行沂蒙精神的典型，通过报告会、多媒体网络信息平台进行宣传，充分发挥榜样的模范示范作用，使沂蒙精神落实于参与学习楷模的具体行动中去，从而进一步坚定人民群众传承与弘扬沂蒙精神的自觉意识和行为实践。

官员作为政治权力的行使者，是以某种政治价值观念的承担者身份来参与政权活动的，因而，官德反映了一定的政治理想、价值观念、执政理念等深层次内容，赋予特定社会的政治统治以伦理上的合理性。

沂蒙精神中蕴含着为实现共产主义社会而忠贞不渝的奋斗理想，对营造公平正义、民主法治社会境界的不懈追求，有为了国家和人民勇于奉献牺牲的无私精神和整体意识，是加强官德、提升政府执政能力的价值源泉，对加强社会主义政治体制建设有重要意义。新形势下，党的建设面临各种考验与危险，各级党员干部应始终把党纪国法放在心头，加强党性修养，提升官员执政素质，要深刻把握沂蒙精神的精神实质，牢固树立马克思主义世界观、人生观、价值观。要用沂蒙精神对领导干部、政府工作人员和广大党员进行理想信念教育，坚决抵制“四风”问题、克服精神懈怠的危险，反对消极腐败现象，补足精神之钙，不断加强官德建设和党的执政能力建设。通过学习践行沂蒙精神，增强党员干部自我净化、自我完善、自我革新、自我提高能力，始终保持和发展党的先进性与纯洁性。

三、深化沂蒙精神对促进群众工作的践行机制

人民群众是历史的主体，是权力的主体，是利益的主体，是推动社会历史发展的决定性力量，这是马克思主义群众观的重要内容。习近平同志说：“检验我们一切工作的成效，最终都要看人民是否真正得到了实惠，人民生活是否真正得到了改善，这是坚持立党为公、执政为民的本质要求，是党和人民事业不断发展的重要保证。”作为执政党，要始终坚持以群众的根本利益为最高标准，处理好不同利益群体的关系，解决好民众所关心的社会民生问题，真正做到“利为民所谋”。当前我们弘扬与践行沂蒙精神，要以实际的行动造福群众，赢得百姓。要在党员干部中大力开展群众观教育，加强党员干部对群众路线与群众工作的全面了解与把握。党员干部要切实转变观念，思想和行动要统一到中央的要求上来。党员干部要深入基层、深入群众的生活实际，注重发挥先锋引领与示范带动作用，充分调动党员服务基层、服务群众的积极性、主动性和创造性。党员干部要带头帮助困难群众创业立业，以强烈的奉献精神引领人民群众实现共同富裕的新局面。全面建成小康社会，要让全体人民共享社会发展所带来的福祉，我国当前扶贫工作已进入攻坚克难的冲刺期。党员干部要坚定信心和决心，发扬沂蒙精神中战天斗地、顽强拼搏、一心一意谋发展的劲头，以强烈的使命意识和勇于担当的责任意识，真抓实干，主动作为，凝心聚力，攻坚克难，为实现沂蒙贫困地区和贫困人口脱贫致富，共赴小康社会而奋力拼搏！各级党组织要关心群众诉求与呼声，对群众反映与其利益相关的问题要认真倾听，并及时反映群众愿望，解决影响民生发展的突出矛盾，确保人民群众的权益能得到切实保障。

近些年来，临沂市建立了以市、县、区群众工作部、乡镇街道群众工作办公室、村居群众工作室为平台的群众工作网络，以及市、县区、乡镇街道三级群众诉求接待服务中心和便民服务中心，及时听取民意。依托电视台、广播电台等新闻媒体，在全国首创了“行风热线”栏目，让市、县直部门主要负责人

每个工作日轮流走进直播室，现场接听电话，回答群众咨询。设立了市委书记、市长公开受理电话和社情民意网上信箱，开通了市民服务热线，及时倾听群众呼声，了解社情民意。通过畅通群众诉求表达机制，拓宽了民情反映渠道，搭建了政府与群众便捷联系的桥梁，使群众能够合理表达和维护自身权益，把践行沂蒙精神、为人民服务的宗旨和奋斗目标落到了实处。

四、构建践行沂蒙精神的道德评价机制

在崇尚文明的有序社会里，社会正气会得到充分伸扬，邪恶风气会因正义与道德的力量相对收敛，正确的舆论引导、文化熏陶对健康社会风气的营造起着举足轻重的作用。沂蒙精神道德实践的价值，在于它将道德规范和准则转化为每一个社会成员的内心道德认同。为此通过构建社会道德评价机制，使人民群众自觉地在思想上、政治上、行动上与沂蒙精神的内在要求保持一致，从而扶正祛邪，弘扬社会新风尚。将沂蒙精神践行与构建社会道德评价机制紧密相连，在群众中树立正确的理想信念和人生观、价值观，可促进公民自觉遵循社会主义道德规范，在此基础上全面提高人民群众的道德觉悟，推动社会文明的发展。离开社会评价和监督，道德教育往往缺乏说服力，其效果也不明显。构建社会道德评价机制对于推动沂蒙精神发展是一种强大的牵引力和推动力，道德评价机制的完善可以促进沂蒙精神在当前社会的有效践行。作为一种常见的调控方式，道德评价通过社会性的干预来改变各种可能的行为，以引导人们按照社会组织所要求的方向行事，反映评价体系中社会性、群众性的善恶判断，从而建立或维护一定的社会秩序。当前要广泛开展群众性的评价监督活动，如民意调查、民主评议基础上的奖惩活动。不同的行业与部门要根据践行沂蒙精神的具体要求制定出群众认可的评价标准，并根据实际执行情况进行判断和评定。对弘扬社会正气的行为应给予倡导性、赞扬性评价，对能够主动承担社会责任和义务、敢于牺牲、甘于奉献、舍己为人、见义勇为等积极践行沂蒙精神的社会成员，评议监督机构应大力褒奖，并通过媒介给予广泛性赞誉；

反之，社会成员违反社会道德、损人利已的行为则要受到公众舆论的谴责。对于公职人员要建立健全常态的考核机制和科学评价机制，全方位、多角度掌握党员干部的道德品性。对于公职人员利用自身权力侵害国家和人民利益的行为、生活作风腐朽堕落且破坏党风廉政建设和腐败的行为进行揭露、批评、谴责性评价，从而保证广大党员牢固树立马克思主义信仰，不断加强党的执政与行政能力。通过思想道德评价机制进行全面、正确的引导、调节和控制，使沂蒙精神践行得到社会整体环境的有效保证。

第三节　将沂蒙精神融入国民教育体系

提升人们素养、培养人们品性的关键在于教育，只有通过教育，才能够弘扬沂蒙精神，才能够把沂蒙精内化到受教育者的思想深处。把沂蒙精神融入教育体系中，通过教育的方法，让沂蒙精神的价值取向成为人们自觉遵守的行动标准，有利于弘扬沂蒙精神，提高沂蒙精神的感召力、影响力。

一、家庭教育：增强家长对沂蒙精神的认同感，进一步引导、教育孩子

有人说，孩子如同白纸，什么样的教育就会获得什么样的效果。孩子的第一任老师就是家长，如果家长德行兼备，能够为孩子树立起良好的榜样，能够培养出德才兼备的孩子。所以在教育中，家庭教育起着关键作用。对青少年儿童来说，家长思想道德观念、文化素养均起着示范和启蒙作用，父母价值观往往会左右青少年儿童对一件事情的评价，家长只有具有高尚的思想道德修养，才能对孩子起到引领作用，才能帮助孩子树立起正确的价值观念。临沂市非常注重此方面的教育和培养，比如，定期举办教育宣传周活动，开展教育开放日活动；创办此方面杂志，宣传优秀的家庭教育做法；开设家庭教育分享会，提升教育的有效性。通过一系列措施，不断提升家长的素质，发挥家长的榜样示范作用，帮助青少年儿童树立起正确的价值取向。除此之外，借助于家庭教育

宣传周、家庭教育分享会等平台，积极宣传优秀模范人物，通过润物细无声的方式，把沂蒙精神传递到家长群体中，提高家长对沂蒙精神的了解和认同，然后通过家长的示范作用，把沂蒙精神传递到青少年和儿童群体中，从而实现了沂蒙精神的薪火相传。另外，鼓励家长和子女共同参加红色旅游、观看红色影视、分享红色故事等等，让青少年群体身临其境地去体会红色文化的魅力，去感受沂蒙精神的可贵。

二、学校教育：制定与弘扬沂蒙精神相应的教育目标、教学要求和方案

家庭虽然是子女教育的重要场所，但父母的知识和精力有限，对孩子的指导缺乏系统性和针对性。学校是孩子接受教育的另一个重要场所，有着专业的教师队伍，教育资源丰富，能够弥补家庭教育的不足。可以借助于学校制定弘扬沂蒙精神的教育目标、教学内容和要求，把学校作为沂蒙精神弘扬的重要阵地，具体可以做到以下三点：第一，在校园文化建设中引入红色文化。比如可以通过学校广播、网站和校报等渠道，广泛宣传红色文化；利用重大纪念日，开展各种形式的红色文化活动，比如歌舞会、红色讲坛等，营造一种良好的红色文化氛围，对受教育者能够起到潜移默化的影响。第二，在课堂上引入红色资源。思想政治课可以作为主要的教育阵地，把红色文化融入思想政治教育中，为学生讲述沂蒙地区革命先烈的英雄事迹，也可以把英雄事迹通过板报的形式展示，让沂蒙精神融入学生具体学习生活中。比如临沂大学，提出了红色育人工程，凭借着丰富的红色文化资源，在师生中广泛地弘扬沂蒙精神，在校园中营造了良好的氛围，让沂蒙精神得以宣传和弘扬。第三，在学生生活实践活动中融入红色资源。利用节假日，带领学生到红色圣地、名人故居去参观，走红军走过的路，重新体验革命生活，听老一辈军人讲红军故事，重温革命历史，亲身感受沂蒙精神的魅力。

习近平总书记指出“红色旅游是红色文化传承的生动课堂”，他强调“发展红色旅游要把准方向，核心是进行红色教育、传承红色基因，让干部群众来

到这里能接受红色精神的洗礼”。因地制宜地开发当地课程资源已成为大家的共识。2016年教育部等11部门联合印发了《关于推进中小学生研学旅行的意见》后，研学旅行课程的开发更如雨后春笋一般出现。2018年4月山东省基础教育教学成果评选揭晓，备受省内外专家关注的“沂蒙精神红色研学旅行一体化开发与实施”荣获一等奖，该奖项是沂南县目前为止获得的基础教育教学成果最高奖项。“沂蒙精神红色研学旅行一体化开发与实施”是由沂南县教体局呈报的教学成果项目，自开发与实施以来，在学生家长、教师、社会各界中引起了积极的反响。许多政府官员、专家学者给予了充分肯定。沂蒙精神红色研学旅行课程主要包括“一体两翼，五大模块，十项延伸”。“一体”指一大主题方向——“立德树人”；“两翼”指两条研学路径——“红色研学、智慧研学”；五大模块指课程的五个部分即“沂蒙革命历史教育、支前拥军劳动体验、古村古城传统文化探究、追寻瞻仰英烈战斗遗迹、到访诸葛故里探究沂蒙精神渊源”；“十项延伸”即“当一回八路军（小红军），做一餐支前饭，打一次游击战，演一场实景剧，听一堂抗战历史课，学一首红色歌曲，讲一则抗战故事，玩一次老游戏，写一篇感悟心得，寄一封感恩家书”。研学旅行是课堂教学的延伸，是贴近天空和大地的深度学习，是行走的课堂，其终极目的是立德树人，培养全面发展的人。旅行是基础，研学是途径，悟道才是目的。研学旅行不仅要有教育性，还要有趣味性，才能够充分调动学生参与的积极性。情感体验和道德实践是德育的最好方式。只有把学生放到一定的情景之中，学生的感悟才会深刻、体验才会深入，才能受到教育、得到启发，体会到今天幸福生活的来之不易，深刻领会沂蒙精神的内涵，受到沂蒙精神的鼓舞，做到知行合一。

三、社会教育：开展以沂蒙精神为主题的公民道德教育系列活动

除了在校学生要接受社会主义核心价值观教育之外，还有更庞大的社会群体需要接受此方面的教育。要对社会成员价值观形成进行培养和教育，需要通

过持续的社会教育，才能完成养成目标。弘扬沂蒙精神，培养社会主义核心价值观，除了学校教育之外，更要借助社会教育，利用全社会持续性教育，促进沂蒙精神和社会主义核心价值观的培养与弘扬。

和其他教育不同，社会教育的传播范围更加广泛、覆盖人群更广，所以应该充分利用社会教育平台，以沂蒙精神为核心，对社会成员开展多种形式的道德教育系列活动，让沂蒙精神能够在全社会范围内广泛传播，形成良好的社会风气。首先，我国培养领导干部的学校就是各地的党校，沂蒙精神教育应该成为党校的必修课，组织中青年领导干部学习沂蒙精神，亲临现场感受沂蒙精神，通过沟通交流探讨沂蒙精神，让沂蒙精神成为广大领导干部的精神力量。其次，开展和沂蒙精神有关的主题教育实践活动。比如利用重要节日、重要纪念活动日等，借助各种载体宣传沂蒙精神。再次，在全社会公民道德建设过程中，融入沂蒙精神，把沂蒙精神作为榜样，对群众起到示范和引领作用。在继续教育和成人教育活动中，在企业职业培训、岗位教育等活动中，应该开展多种形式的沂蒙精神教育，让沂蒙精神深入社会成员的内心，纳入社会主义核心价值观教育体系之中。

人们生活和工作的重要场所包括城镇社区、党团组织、农村基层组织，要充分发挥这些重要场所的作用，把它们作为社会教育基地，通过各种形式的红色文化活动，直接宣传和弘扬红色文化、沂蒙精神。通过喜闻乐见的形式把沂蒙精神宣传到不同群体之中，满足不同层次人们对红色文化的精神需求，提高红色文化、沂蒙精神的感染力和号召力。

第四节　构建符合时代要求的传播平台

沂蒙精神的弘扬只有借助各种传播手段大力宣传，才能取得良好的效果。构建完善的传播平台，从多个渠道对沂蒙精神进行宣传，提高沂蒙精神在社会上的渗透力和影响力。

一、利用多元化全媒体加大舆论宣传

全媒体时代给沂蒙精神的传播和弘扬提供了发展契机，但也不乏挑战和难题。运用全媒体解释、宣传和弘扬沂蒙精神是时代所趋。作为党和国家重要精神财富的沂蒙精神，需在新时代把握好机遇，优化传播路径。

（一）要继续发挥传统媒介的作用

传统媒体在社会上的影响比较广泛，有着广泛的受众群体，应该发挥传统媒体的功能，积极地宣传和弘扬沂蒙精神。具体可以做到两点：第一，通过报纸杂志进行宣传，比如通过开设专栏、专题、组织新闻等方式，多渠道地进行宣传，形成浓厚的舆论氛围，让沂蒙精神深入社会各个角落。第二，制作文艺精品，对沂蒙精神的发展历程、时代风貌进行宣传，鼓励民众通过各种平台进行讨论，掀起一股沂蒙精神议论的热潮。作为沂蒙革命老区——临沂市，近年来利用红色资源设计了一系列红色精品，让观众真正地领略到了沂蒙精神的本质，比如电视连续剧《沂蒙》、电影《沂蒙六姐妹》、大型水上实景演出《蒙山沂水》等。影视艺术作品是表达并再现沂蒙精神的有效载体。

（二）沂蒙红色文化在合作中共赢

习近平总书记曾高屋建瓴地提出，与世界携手共建人类命运共同体。有人曾说，世界变得越来越小了。诚然，这并不意味着世界真的缩小了，而是随着交通和通信的便利、互联网的发展、人与人之间沟通增强，整个世界就紧密联系在一起，成为一个地球村。新的环境必然要求新办法、新思路。沂蒙精神较之井冈山精神、延安精神、西柏坡精神的弘扬和传播及其影响力，沂蒙精神的弘扬、传播和创新之路还需要继续开拓。首先，弘扬沂蒙精神应该借鉴包括井冈山精神、延安精神、西柏坡精神等其他优秀革命精神宣传和弘扬的成功经验，在取长补短中扬弃自己。沂蒙精神的宣传和弘扬须重视氛围的烘托和渲染。走在井冈山的大街上，不管是街边的商铺、居民的住宅，抑或山间树林里的宣传标语都能够感受到规划者的独具匠心，把井冈山精神的内涵或时代价值融入当地民众和外来客人的生活氛围中。这些好的宣传经验应当为我所用，根据沂蒙地区独特的风土民情进一步挖掘和宣传沂蒙精神，营造一种无论身处何处，都能再现沂蒙民众淳朴的生活面貌，感受沂蒙精神的深刻内涵和时代价值的氛围。其次，汲取流行文化的精髓。流行文化是符合时代潮流，迎合大多数人需求的文化。流行文化之所以扩散快、影响深的主要原因是由于借助了当今互联网的发展，充分运用多媒体的便利。近期深受年轻人喜爱的抖音、快手等短视频直播平台，把流行文化推向传播的新高度。虽然诸如沂蒙精神这种红色文化与流行文化存在很大差异，但是两者并不冲突。沂蒙文化和沂蒙精神的传承弘扬应该充分吸收流行文化传播成功的精髓，充分利用全媒体，互相融合，互相借鉴，互利共赢。再次，民族的也是世界的。在学习其他红色文化传承经验的基础上，也要主动发出自己声音。不仅要把沂蒙故事讲到全国各地各个角落，更要有国际视角，争取与别的国家合作，通过官方和非官方的渠道，把感人至深的沂蒙故事讲出国门，把沂蒙精神传到世界各地。

（三）沂蒙红色文化在创新中突破

当今社会进入了全媒体时代，每个人都有麦克风，每个人都有话语权。网络不仅改变了民众的生活，更改变了社会的发展方式和发展进程。这要求我们在传播和弘扬沂蒙精神时，必须紧紧抓住互联网这个牛鼻子，把宣传工作做到更深、更宽、更广，开发利用好大数据功能。在信息化浪潮下，大众传媒正经历着一场深刻革命，即与数字化结合。短短几年间，大数据已经成为影响我们生活并决定未来社会发展的重大技术命题。如何完善和运用大数据决定着红色文化的传播和影响力。大数据注重数据的复杂性和相关性，弱化精确性，利用大数据可以深度挖掘跟沂蒙精神有关系的文献和资料，也有利于精确把握民众喜闻可见的关注点。“微媒体”植入红色元素，为沂蒙精神传播增添活力。全媒体时代的重要表现是“微传播”，比如红色网站、微信微博、各种直播等等，通过不同形式来颂扬沂蒙精神，让更多的网民了解沂蒙精神。以短小精炼作为文化传播特征，信息的传播速度更快，传播的内容更具震撼力和冲击力。这种“微传播”给我们讲好沂蒙故事，弘扬沂蒙精神带来的不仅有机遇，也不乏挑战。还可以利用公交车、电梯和广场的移动电视、户外广告等形式进行宣传，营造一种浓郁的民族精神氛围。动漫是一种近年来比较流行的新兴艺术形式，可以借助于动漫平台宣传沂蒙精神，比如创作红色动漫，培养新生代的民族精神。利用各级政府网站，开设专门的沂蒙精神板块、社会主义核心价值观体系板块，可以通过文字、漫画、视频等方式介绍典型人物事迹，讴歌革命精神，扩大其社会价值和社会影响力，让更多的人去了解沂蒙精神，认同和践行沂蒙精神。

如果沂蒙精神的传播和弘扬还停留在广播、电视、报纸等传统的传播方式，那么其必然将面临前所未有的挑战。如果我们能够抓住机遇，把催人奋进的沂蒙故事通过微博、微信公众号、微电影、微小说等线上线下同步直播的方式进行再呈现、精包装，既保证其还原度，又展现其时代性。只有这样，才能扩大沂蒙精神的受众范围，增强其影响力和震撼力。随着新技术、新发明的不断涌现，新兴媒体迅速地占领了社会生活的各个领域，手机和网络成为当前主要的通信工具，人们通过互联网实现了快速沟通和交流。

二、宣传沂蒙精神的典型

榜样和模范的示范，能够对人们起到激励作用，人们会以榜样和模范作为行为标准，来反思自身行为中的不当之处，并不断改变自己的行为，向榜样看齐、向模范靠拢。在弘扬沂蒙精神的过程中，可以培育和树立模范与榜样，让模范人物去感染、影响普通民众，让普通民众能够从其身上感受到沂蒙精神的内涵，从而形成正确的价值观念。

新民主主义革命时期，沂蒙儿女在中国共产党的领导之下，发扬高贵品质，为革命胜利作出了巨大的贡献。渊子崖村民浴血抗战的故事经久不衰，沂蒙红嫂明德英、沂蒙六姐妹、沂蒙母亲王换于等事迹感人至深，是弘扬沂蒙精神的榜样和典型。新中国成立之后，沂蒙儿女不畏艰难险阻，克服一切困难，改变了当地贫困落后的面貌，让沂蒙山区成为经济发展的领头羊，创造了巨大的经济价值，涌出了一大批模范人物，比如爱军拥军模范胡玉萍、沂蒙新红嫂戚洪桂等，沂蒙精神在她们身上得以彰显和延续。在社会主义现代化建设的今天，要结合新局势，树立新典型，弘扬沂蒙精神，发挥英雄精神的模范带头作用。

全国重大典型"时代楷模"王传喜，带领兰陵县代村党员干部群众奋斗19年，将一个负债380多万元的落后村，发展成为集体经营性收入1.1亿元、村民年人均纯收入6.5万元的乡村振兴"排头兵"。山东先后发布12位"齐鲁时代楷模"事迹，全省"中国好人榜"入选数量、推荐好人线索数量连续4年位列全国第一，通过巡回报告、先进事迹展等形式，引导党员干部群众以榜样为标杆，自觉传承和践行沂蒙精神。

三、节日宣传

中华民族有着几千年的历史，历史的发展形成了多种多样的重大节日，可以利用节日宣传和弘扬沂蒙精神。比如利用清明节、国庆节、建军节等，组织党员干部、青少年群体到红色教育基地，亲身体验沂蒙精神教育实践活动；在党员、团员和少先队员纪念日、活动日，组织这些成员接受红色教育、学习沂蒙精神，让广大青少年、领导干部、人民群众都能够切身体会到沂蒙精神中的爱党爱军、无私奉献、艰苦奋斗的精神，激起他们的爱国主义热情，更好地投入社会主义现代化建设中去。

四、文艺媒介

在革命战争时期，文化建设、文艺活动在根据地普遍开展，沂蒙根据地成立了多个文工团，开展了一系列的文化建设，创作了大量的革命歌曲，用文学艺术的形式宣传革命真理，把革命真理在群众中传唱，对部队战士和人民群众起到了巨大的激励和教育作用。沂蒙山区在这一时期诞生了很多红色革命歌曲，很多歌曲一直传唱至今，比如《沂蒙山小调》《跟着共产党走》等。新中国成立之后，沂蒙地区的革命斗争故事被人们口口相授，很多故事被拍成了红色电影和大型电视剧，在全国范围内普遍传扬，比如《红日》《车轮滚滚》《红嫂》《孟良崮》《沂蒙》等。除此之外，还有很多舞台演出剧都是以沂蒙山区的革命斗争故事作为创作素材，比如《沂蒙颂》《红云岗》《沂蒙丰碑》《沂蒙颂歌》《蒙山沂水》等。文艺界通过不同的形式去展示沂蒙山区战斗故事，用通俗易懂、鲜活生动的文艺媒介手段宣传沂蒙精神，让广大领导干部、人民群众、青少年学生牢牢记住胜利来之不易，是无数革命战士用鲜血铸就的，要牢记革命历史，发扬沂蒙精神。社区、单位组织等也举办了一系列革命老区红歌会，在唱响红歌、享受艺术的同时，灵魂受到净化、心灵受到荡涤、革命信仰得以坚定。

2018年4月18日，农历三月三，一场红色歌舞盛会在国家AAAA级旅游景区——红嫂家乡旅游区暨沂蒙红色影视基地激情上演。来自山东省淄博市博山区琴韵艺术团、沂南县界湖街道南村社区文艺宣传队的文艺工作者为沂蒙老区观众和广大游客带来了一场红色歌舞和红色文化盛宴。

来自"中国琉璃之乡"博山区的琴韵艺术团，积极响应送文化下乡、送戏下乡的号召，经常进农村、赴社区演出，是一支深受欢迎的"文艺轻骑兵"。两地文艺工作者们表演的节目以红色为主，《沂蒙颂》《谁不说俺家乡好》《军民一家亲》……表演形式丰富多彩，既有独唱，又有小合唱；既有舞蹈，又有歌伴舞；既有说唱、表演唱，又有群口快板，引来观众阵阵喝彩！来自江苏徐州67岁的游客李洪民和老伴一起欣赏了红色歌舞节目后，高兴地说："早就听说沂蒙山老区是块红色根据地，今天来这里一看，果然名不虚传。我们在这里看到了当年抗战留下的印记，了解到了前辈们为打江山不惜抛头颅洒热血的事迹，还看到了这么精彩的红色歌舞，不虚此行!"零距离欣赏了红色歌会的常山庄村民刘乃秀说："在家门口欣赏到了只能在电视上才能看到的节目，我太高兴了，希望今后多举办一些这样的活动。”

在沂南县，活跃着一支由50岁以上老年人组成的文艺宣传队——界湖街道南村社区文艺宣传队，其骨干宣传力量是“新红嫂组合”。这些没有专业文艺院校深造背景的文艺爱好者，凭着对家乡的热爱，对新农村建设成就的深情，自编自演了许多接地气、贴近百姓生活、群众非常喜欢看的文艺节目，用文化的力量，丰富了百姓文化生活，改变着老区百姓的精气神。她们除参加南村组织的社区文艺演出外，还积极参加县里组织的文化演出和送文化下乡活动，今年演出达30场，每到一地都受到百姓的热烈欢迎。

2018年3月17日，“新红嫂组合”登上了央视《星光大道》，表演了《在希望的田野上》《沂蒙女儿》两首歌曲，闯进第二关。在央视这个名牌栏目的大舞台上，向全国观众展示了革命老区人民的崭新精神风貌和新农村建设的巨大成就。由一名家庭妇女到登台演出，最后登上《星光大道》舞台，对她们来说，是跨越，更多是挑战。她们年纪大了，歌声和舞姿不专业，为弥补不足，她们选择与苦累相伴，发扬红嫂精神，刻苦练习。红嫂高玲举透露了一个细节：有一次为排练一个动作，她们从下午5点一直练到晚上8点，3个小时过去了，排练到位了，她们一个个却累瘫了！高玲举说：“我们虽然不是专业演员，更不是专业演出团队，但我们有一颗为新农村文化建设奉献的心。尽管我们排练、演出很累，但看到父老乡亲们看节目时脸上露出的灿烂笑容时，觉得一切苦和累都是值得的。”

五、从文学角度挖掘沂蒙作家作品中表达蕴含的沂蒙精神

“沂蒙文学，是民族传统与革命传统融汇在一起发展成的带有地域色彩的一种文化艺术形态。”近些年，随着沂蒙精神越来越受到党和国家的重视，沂蒙文学也获得快速发展，出现了一个以李存葆、刘玉堂、王兆军、赵德发、苗长水、厉彦林等为代表的新时期沂蒙文学作家群。他们人多成长于沂蒙乡村，他们在作品中以普普通通的沂蒙人生活、沂蒙的风土人情为题材，在表达自身

乡土情怀的同时挖掘蕴涵于沂蒙大地的沂蒙精神。

对沂蒙精神、沂蒙文化、沂蒙文学保持长久关注的王万森发表了一系列有关探讨沂蒙精神、沂蒙文学的文章，包括在《小说评论》1993年第6期发表的《幽默：沂蒙文化和文体风格——读刘玉堂的“钓鱼台系列小说”》，在《文艺理论与批评》1997年第1期发表的《现实主义的时代新质——读〈苗得雨散文集〉》，在《山东师范大学学报》（人文社会科学版）2004年第1期发表的《历史叙事与农民情结——沂蒙文化语境中的赵德发小说》，在《百家评论》2016年第1期发表的《齐鲁有个刘玉堂》以及发表在《中国文艺评论》2018年第6期的《谈厉彦林乡情散文的艺术特色》等。这些研究大多是对沂蒙作家作品的艺术风格及精神特质进行阐释和挖掘。但从文学的视角来解读沂蒙文化则是王万森的最终目的，这种理念也贯穿于他沂蒙文学研究的整个过程，如在《理论学刊》2001年第7期发表的《文学与文化的双向建构——〈齐鲁文学演变与地域文化〉评析》，在《山东师范大学学报》2005年第5期发表的《从文学视角观察沂蒙文化》中，他则明确表示：“沂蒙文化融合了传统的齐鲁文化、以马克思主义为指导的革命文化和以现代化为目标的现代革命文化，成为当代地域文化的一个独特存在，也是沂蒙文学繁荣的重要精神资源库。”“从文学的视角考察沂蒙文化，既是对革命老区精神资源的探询，也是对文学书写民族心灵图景的叩问。”2006年王万森和他的研究生周志雄、李建英合写的，由齐鲁书社出版的《沂蒙文化与现代沂蒙文学》一书更是集中研究沂蒙文学与沂蒙文化的专著。这部书里，有对沂蒙文学进行宏观研究的综论，有对沂蒙作家作品进行考察解读的专论，还包括对沂蒙作家的访谈。这部专著，“恰好成为‘沂蒙精神’宣传与研究的一个组成部分。他们的工作就文学研究而言，有‘开天辟地’的意义”。

除此之外，还有的学者着眼于沂蒙文学整体，挖掘沂蒙作家作为一个有鲜明特色的群体，他们在创作中呈现出的共同特征和思想意蕴。如周志雄的《在沂蒙文化的星空下——论当代沂蒙作家的小说创作》、张润芝的《当代沂蒙文学中女性形象分析》等。有的学者侧重于对单个作家创作特色的分析，如梁多亮的《“沂蒙情结”与“李存葆气势”——兼评〈沂蒙九章〉》、孔翘楚的《论刘玉堂小说的温情叙事》、杨平的《刘玉堂随笔创作论》、周志雄的《散落乡间的“传奇”叙事——赵德发小说论》、李海丽的《苗长水小说创作论》，以及方正的《沂蒙精神的文学书写——论厉彦林的散文创作》等。关注沂蒙作家，挖掘蕴涵在沂蒙作家作品中的沂蒙情结和沂蒙精神，是这些研究学者们始终关注的焦点。

六、从艺术视角解读影视作品中的沂蒙精神及其独特的表达形式

2009年，随着42集电视连续剧《沂蒙》的播出和电影《沂蒙六姐妹》的公映，对电影电视剧的评论和如何用影像形式挖掘再现沂蒙精神成为人们探讨的热点。这些研究或者侧重从沂蒙精神、民族精神的角度对《沂蒙》和《沂蒙六姐妹》进行挖掘，或者是从艺术表现形式和审美特色的角度对影视剧进行阐释。但解析作品的审美形式与艺术特色，往往与对内容的阐释结合在一起，对作品中蕴涵的沂蒙精神的挖掘同样是表达的重点。黄会林在电视剧《沂蒙》播出后随即发表在《中国电视》2010年第4期的《感天动地〈沂蒙〉“魂”——浅析电视连续剧〈沂蒙〉》中，概括了电视剧中展现出的“巾帼魂、沂蒙魂和民族魂”。他通过一个女人——于宝珍为标志和代表，概括了《沂蒙》中涵盖的巾帼魂。而且，“事实上，剧中的所有女性身上都浓缩着中华民族的巾帼魂”。他通过一个家庭——李忠厚一家为国尽忠的悲惨遭遇和宁死不屈的抗争精神，解读出凝聚在普通沂蒙人、沂蒙家庭中的沂蒙魂的精髓。张丽军同样是在电视剧播出后不久即发表在《戏剧丛刊》2010年第2期的《重述沂蒙精神的当代红色经典——评〈沂蒙〉电视剧审美理念和叙述方式的突破》，则是从审美理念和叙述方式的角度来解读电视剧《沂蒙》。文章揭示了电视剧在叙述方式上“打破了以往红色经典的英雄主义的历史叙述模式，走向了以普通家庭、普通人为叙事主线的平民史诗模式，为深厚博大、坚韧牺牲的沂蒙精神建构起

坚实的基石”。在审美思维理念上“打破了以往的英雄与汉奸的二元对立思维模式，描绘了一系列真实生动、栩栩如生的平民英雄群像，展现了历史人物的精神嬗变，是一部刻画沂蒙精神的心灵史诗”。“电视剧突破还体现在运用互文性的历史叙述结构，在沂蒙人与八路军双向互动、心心相印的结构中重新诠释沂蒙精神，为在新世纪的历史语境中重新思考沂蒙精神、思考党群关系，提供了新的历史维度和审美镜像。”刘波发表于《电视研究》2010年第4期的《电视剧〈沂蒙〉创作理念的深层观照》则从“弘扬民族精神的影像志”“宏大的现实主义题材”“朴素低调的平民视角”“女性人文关怀的高扬”等创作特色出发，高度评价了《沂蒙》在内容上对沂蒙精神的全景展示，既为当下社会主义核心价值观的传播和弘扬树立了榜样，为新时期主旋律电视剧的创新发展做出了有益探索，也为重新审视和建构影视表现与历史叙事的关系提供了样本。另外，还有彭秀坤的《论当前红色影视剧的革命题材与受众意识——以电视剧〈沂蒙〉为例》，宋法刚的《真实的力量人性的历史——评电视剧〈沂蒙〉》，宋法刚、杨典武的《论〈沂蒙〉中的女性形象》等，都对电视剧《沂蒙》中再现的沂蒙精神和艺术特色进行了深刻解读。

作为向中华人民共和国生日献礼的主旋律影片之一的《沂蒙六姐妹》在公映后也受到观众的一致好评。学者们从各个角度对电影的审美表达、艺术特色以及创新意义等进行了解析。周星发表在2009年第6期《电影新作》中的《转变观念探索新路的中国电影实践——〈建国大业〉〈天安门〉〈沂蒙六姐妹〉的意义》中，将《沂蒙六姐妹》和《建国大业》《天安门》在一起进行分析，探讨了它们对于电影主流表达和适应市场人心做出的探索。银进康发表在《电影文学》2014年第22期的《解读电影〈沂蒙六姐妹〉的美学特色》，则从“如诗的情感美”“如画的真实美”和“如歌的人性美”三个侧面解读了电影的美学特色。电影是以战争中的六姐妹作为中心人物和主要线索的，公映后，也出现了一批针对作品中人物形象塑造进行解读评价的文章。银进康的《一首唯美的女性赞歌——评电影〈沂蒙六姐妹〉》、王源的《动人而深沉的英雄礼赞——

影片〈沂蒙六姐妹〉的主题意蕴及艺术特色》、王珏的《人性之歌——〈沂蒙六姐妹〉中的爱与牺牲》、齐晓萌的《视点后置：革命战火中的女性奉献——从电影〈沂蒙六姐妹〉看女性群体的革命意义》、刘依的《战争电影的女性形象塑造——观〈沂蒙六姐妹〉有感》、张鸯的《战火中的女人——〈沂蒙六姐妹〉的女性形象分析》等文章，都是着眼于电影女性形象分析和对女性英雄人物的塑造及其特色进行解析。

第五节　加大对沂蒙精神资源的保护与开发研究

只有能够保持与时俱进的思想和理论才是先进的理论，才能够经久不衰。沂蒙精神起源于革命战争时期，在新社会新时代得以快速发展，今天仍然要对沂蒙精神的内涵进行深入分析，挖掘其潜在资源，并把这种精神融入社会主义核心价值体系建设中，才能彰显沂蒙精神的时代性和先进性。只有进一步地探讨弘扬沂蒙精神的原则、方法和路径，才能把沂蒙精神和时代精神结合起来，挖掘其时代内涵，彰显其时代功能。

一、保护沂蒙革命遗址

革命遗址见证了革命战争的整个过程，是革命精神的凝聚，是历史信息的彰显，在经济、文化和教育方面有重要的价值。中共中央山东分局旧址、共产党宣言纪念馆、孟良崮战役烈士陵园……在山东，星星点点分布着革命遗址2 449处。为更好地保护革命遗址，全省党史部门发动4 000多名普查人员，普查摸底、建立台账、掌握家底，并运用现代技术手段加强爱国主义教育和提升沂蒙精神的吸引力，其中山东网上抗日战争纪念馆上线开通以来，累计访问量突破10亿人次。沂蒙革命遗址是革命战争的产物，受到自然灾害、城镇建设等客观因素的影响，很多革命遗址遭到了损坏，只有迅速采取相关措施保护革命遗址，才能够让革命的精神源源流传。

首先，完善保护机制。针对革命遗址的保护，应该成立专门的保护机构、制定完善的保护机制，明确相关的保护手段和措施，对革命遗址进行有计划、系统性的保护、开发和应用。其次，大力宣传革命遗址的保护。革命遗址具有不可再生性，是革命过程的见证，应该大力宣传对革命遗址的保护，特别是在红色旅游各个环节要加强宣传，端正游客旅游行为，让游客能够自觉主动地保护革命遗址。再次，合理保护和开发。革命遗址不仅要全力保护，还要适度开发，只有让更多的人了解革命遗址，亲身体验革命精神，才能够把革命的精神广泛传播，所以在保护和开发问题上，要遵循以下原则：抢救第一、保护为主、积极修缮、还原原貌。有的革命遗址被破坏程度非常严重，已经面目全非，可以对这些遗址进行抢救性的修建，突出革命遗址的独特特征。

二、开发：建设沂蒙红色旅游和教育基地

沂蒙精神对人民对社会起着巨大的鼓舞作用，应该从以下两个方面对沂蒙革命遗址进行开发。

第一，大力发展沂蒙红色旅游。近年来，旅游产业得以迅速发展和繁荣，红色旅游在旅游产业中一枝独秀，吸引了很多游客的关注。红色旅游指的是以革命圣地、革命遗址、革命标志物作为载体，以革命历史、革命事迹和革命精神为内涵所开展的旅游活动。十七届六中全会明确指出，要充分利用红色旅游资源、爱国主义教育基地，宣传和弘扬民族精神、时代精神，让更多人受到爱国主义教育。社会经济的快速发展，人们的生活质量和生活水平不断提升，其消费行为和消费习惯发生了巨大的变化，更多的人越来越关注精神享受和审美体验，文化艺术方面的消费比例逐年提升。沂蒙老区是全国著名的革命根据地，留下了很多革命遗址，每一个村落、每一处住所都有红色故事，所以应该大力发展沂蒙红色旅游，让更多的人了解沂蒙红色故事，去体验沂蒙精神。可以通过寓教于乐的方式，宣扬沂蒙地区艰苦奋斗、开拓进取的精神，让人们设身处地地感受革命精神。2004年7月，临沂市率先启动了红色旅游，利用沂蒙

精神教育资源，开辟了多条红色旅游路线。红色旅游资源、人文资源、自然资源有效结合，增加了红色旅游专线的独特魅力，很多游客就是在沂蒙精神的感召下纷至沓来，选择红色旅游专线。红色资源、历史文化和生态资源的有效结合，打造了一系列知名的旅游主题，比如，“文韬武略”“红色风情”“绿色沂蒙”“地质奇观”。“沂蒙好风光”已经成为山东省的旅游品牌、成为城市名片。比如平邑九间棚旅游区，包含很多具有革命战斗精神的人文景观，同时也有当地独特的自然景观，游客身临其间能够受到红色教育。在沂蒙红色旅游地设置景区解说告示牌，增加多个横幅，让人们在旅游的过程中感受沂蒙山区的革命精神，领略沂蒙地区的独特风景。

游客徜徉在沂蒙红色旅游专线上，亲身体验自然风光、感受革命精神，思想和心灵受到了洗礼和当地，红色情怀得以升华，在这一过程中既领略了旅游的惬意，又受到了先进文化的熏陶，提升了自身的思想境界和品质。红色旅游是把精神财富转化为物质财富的过程，只有不断融入沂蒙精神、不断提高政治品位，才能够让红色旅游保持持久的生命力。

第二，规划建设具有沂蒙精神的教育基地。沂蒙精神的广泛传扬，必须以教育基地为载体，把红色资源融入社会主义核心价值观教育中，用具体的教育方式展示出来，从而在全国范围内广泛传播沂蒙精神。也可以通过榜样示范的作用进行传播，比如开展红色主题的展示版块，让沂蒙精神自然而然地融入社会主义核心价值观教育中。山东临沂地区非常重视沂蒙精神的广泛传播，设置了70个沂蒙精神教育基地，教育基地有着丰富的爱国主义教育资源，通过多种形式对人们进行爱国主义教育，比如华东革命烈士陵园、孟良崮战役纪念馆、沂蒙母亲王换于纪念馆等。其中有14处已经被命名为全省爱国主义教育基地，包括孟良崮战役纪念馆、新四军军部暨华东野战军司令部旧址等。只有充分利用红色旅游资源，通过多种方式进行宣传和教育，才能够让参观学习者设身处地地体验，重新回到那些峥嵘岁月，去感受战火纷飞中革命烈士英勇不屈的精神、艰苦奋斗的意志、不怕牺牲的革命壮举，从中有所思、有所悟、有所感，能够从灵魂深处去感受红色精神，去领略红色情怀，真正地受到沂蒙精神教育。

沂南县马牧池乡常山庄村是有名的抗战模范村，“红嫂”明德英乳汁救伤员的故事，就发生在这里。2007年，知名大型电视连续剧《沂蒙》在沂南常山庄拍摄，2008年，沂南县看好这一文化旅游项目，决定在常山庄建影视拍摄基地，累计投资达7.8亿元。创建之初，他们依托本地丰富的红色旅游历史资源，建起了由常山古村、沂蒙影视城、爱国主义教育基地、山乡梦工场和影视基地接待中心为主的国家AAAA级旅游景区——红嫂家乡暨沂蒙红色影视基地。沂蒙红色影视基地总经理李熙鹏介绍：“沂蒙红色影视基地从创办之初，就以红色为主基调，以‘传承沂蒙魂，永远跟党走’为核心，把传承红色文化、红色基因放在首位。”为纪念革命先烈，他们在景区内开辟了红色纪念馆区，建起了《中国红嫂革命纪念馆》《人民子弟兵将帅纪念馆》《跟着共产党走纪念馆》等展馆。特别是《中国红嫂革命纪念馆》，用文、图、雕塑及实物相结合方式，详细介绍了“红嫂”们在抗日战争和解放战争时期的无私奉献精神和丰功伟绩。这个纪念馆成为新中国第一个由农民自发投资建设的大型红色革命纪念馆，也是国内唯一以普通人物群体为主题的红色纪念馆，每年吸引很多人到这里接受党性教育和革命传统教育。十年来，沂蒙红色影视基地已经成为国内知名影视剧拍摄基地，先后承拍了《沂蒙》《斗牛》《红高粱》《地道英雄》《铁道飞虎》《战神》《沂蒙六姐妹》等300多部红色影视剧，被誉为中国“红莱坞”。红嫂家乡暨沂蒙红色影视基地被国家发改委列入《全国红色旅游经典景区名录》，被中共山东省委确定为全省党员领导干部党性教育基地，全国妇联、中国人民银行等数十家单位挂牌党性教育基地、爱国主义教育基地、反腐倡廉基地。沂蒙红色影视基地建成后，充分发挥旅游业关联度高、产业拉动力大优势，同乡村振兴、旅游开发扶贫有机结合起来，景区所在地常山庄等村的村民们依附影视基地当起了“四员”——土地入园当社员，景区务工当职员，摇身一变当演员，售卖产品当店员，昔日面朝黄土背朝天的村民变成了上班族，拿工资的人。2 000多名周边村民常年从事群众演员、剧组用工、景区建设等工作，每天人均收入近百元，实现了一人就业，全家脱贫。

三、研究：深入研究与挖掘沂蒙精神

沂蒙精神具有先进性、时代性、进步性的特征，能够结合社会变化而与时俱进，其内涵也随着实践的不断发展而完善，因此挖掘和探究沂蒙精神，具有重要的理论和实践意义。首先，加强战略研究。要紧密结合中国特色社会主义的伟大实践和党的建设实际，深入研究沂蒙精神的内涵特征、时代价值，不断提升沂蒙精神的理论层次和实践价值。要以山东沂蒙文化研究会为主体，整合省内各方资源、吸纳省内各界人士，充分挖掘、研究、传承和弘扬沂蒙精神；联合省外知名专家、理论学者和实际工作者，共同对沂蒙精神开展研讨，并及时推出一批理论水平高、实践价值大、应用功能强的研究成果。其次，加强系统研究。将弘扬沂蒙精神作为临沂市委党校教学及科研的重要任务：深入研究沂蒙精神的形成发展、历史贡献、丰富内涵、时代特征、现实意义；深入研究弘扬沂蒙精神与加强党的思想、组织、作风、制度、反腐倡廉建设的关系；深入探讨弘扬沂蒙精神对提高党的领导能力和执政水平、巩固党的执政地位的重大意义，并就如何加强和改善党的建设提出相关对策建议；深入探讨沂蒙精神与延安精神、井冈山精神、西柏坡精神等革命精神和其他地区、行业或个体在新时期的创业精神等的内在联系；全面总结弘扬沂蒙精神的有效途径和科学方法。最后，加强基础研究。依托临沂大学沂蒙文化研究院等高校资源，以沂蒙精神为研究核心和主打品牌，重点开展与沂蒙精神相关的基础性理论研究，并深入挖掘沂蒙精神的内在价值，充分发扬沂蒙精神的德育功能，为培育人才及构建和谐社会提供强大精神支持。

宣传部等各部门一直以来都努力研究沂蒙精神，挖掘其内涵。20世纪90年代，在山东省委宣传部组织下，成立了专门的专家小组，深入沂蒙老区进行调研、搜集资料，研究沂蒙精神。并针对沂蒙精神的发展提出了一系列的新课

题。山东省宣传部还通过不同渠道开展大规模的沂蒙精神研究、宣传和弘扬活动，沂蒙精神在全国范围内都形成一定影响。1991年，在多部门的组织下，山东省首届沂蒙精神理论研讨会正式召开，此次会议上，明确了沂蒙精神基本内涵。之后很多专家学者结合当下重要政治思想、党的建设等从不同的角度广泛讨论和论证了沂蒙精神的时代性和先进性。

弘扬先进文化、彰显民族精神的主要渠道之一就是继续学习研究沂蒙精神，通过学习研究，能够明确沂蒙精神的具体内涵、时代品格、思想意义；全国各地的研究学者和专家聚集到一起，共同研讨民族精神理论，讨论各地涌现的革命精神和民族精神，探讨如何在全面建成小康社会中，发扬革命老区精神，培育和践行社会主义核心价值观。各种理论研讨会的召开，为沂蒙精神的弘扬和宣传提供了保障，提高了社会各界对此的关注度。

改革开放之后，社会经济得到了快速发展，外来文化对本土文化造成了剧烈的冲击，社会上出现了一股关于沂蒙精神无用论的说法，很多专家学者为此开展了专门研究，详细地探讨了沂蒙精神的时代价值。大量的研究表明，在社会经济发展的今天，沂蒙精神仍然起着巨大的推动作用，是人们精神领域不可缺少的内容。因此我们应该结合新时期、社会新变化、全面建成小康社会的目标，对沂蒙精神内涵和实质进行充分挖掘，明确沂蒙精神的时代性和先进性，借助沂蒙精神这一强大的精神动力，推动社会主义思想道德建设的进一步深入，引导人们用正确的价值观念去评判行为得失，辨别善恶美丑。利用沂蒙精神的力量，凝聚人心、统一思想、振奋精神、齐心协力，推动全面小康社会建设的稳步前进。

山东突出沂蒙精神“水乳交融、生死与共”核心特质，在省社科规划项目中设立“沂蒙精神研究”专项，每年列出20至30个重点选题，深入开展理论研究。并通过访谈、制作影像资料等方式抢救性搜集老党员、老支前、老战士、老模范及英模人物的口述史、回忆录，编纂出版《山东抗日战争实录》《山东抗战口述史》等，为研究红色文化提供珍贵史料。

四、打造沂蒙文化品牌

沂蒙精神是沂蒙人民的精神文化成果，是地方文化资源，沂蒙品牌的雏形应保持这一特点，即是以沂蒙人民为创造主体，以沂蒙精神作为品牌文化的内核，沂蒙品牌的进一步塑造则不仅应体现沂蒙革命老区的精神特质，还应融入现代化的文化气质。临沂市城市总体规划中将城市发展目标界定为现代商城、生态水城、文化名城、全国交通枢纽、宜居城市，从经济、生态、文化、交通、社会环境等方面提出了建设目标，因而沂蒙品牌既是沂蒙人民的品牌形象，也是沂蒙地区的经济、文化、政治形象的新名片。

首先，沂蒙人民的品牌形象。沂蒙地区的人民善良质朴、勤奋进取，这些品质成功地塑造了今天的沂蒙人民的形象。在社会转型期，沂蒙人民应继续发扬这些优良传统来解决现代化建设中所遇到的各种问题，并以社会主义核心价值观为立身处世的原则，努力提高自身的社会参与意识和能力，为打赢现代化建设这一场“战役”积极贡献力量。现代化建设的主体是人，而人的素质不仅关系现代化建设的进程， 也是现代化建设进程的重要指标。沂蒙人民要在这一场“战役”中取得胜利，必须努力提升自身的道德修养、法治意识，做到爱国、敬业、诚信、友善，并将自己塑造成一个合格的公民，合理合法地使用法律赋予的各项权利，为临沂地区的发展营造自由、平等、公正、法治的社会氛围。

其次，沂蒙文化的品牌形象。沂蒙地区的文化资源丰富，以时间为维度，沂蒙地区有着丰富的传统文化资源，如先秦儒家代表人物曾子所代表的孝文化，及诸葛亮、王羲之等在多个方面所彰显出的智慧，也有近代的红色文化资源，如沂蒙红嫂等，在现代有“愚公移山”的厉家寨人、“和谐之村”沈泉庄人等事例。他们在不同的时期、以不同的方式为沂蒙文化注入新鲜血液，塑造了沂蒙文化悠远的历史。以空间为维度，沂蒙地区有乡村文化与城镇文化，沂蒙人民依据城乡各自优势发展出新的特色文化，而在此基础上所进行的城与乡、省内与外省、本省与国际文化的交流，进一步刺激了沂蒙文化的发展。社会转型期，城市的发展面临传统与现代、乡村特色与城市文化如何兼容的问题，这些问题的答案取决于城市的形象定位。品牌形象的塑造并非要求文化的单一化，它要获得长足的发展，必须融合其他文化，使自身体现出发展性、可持续性，沂蒙文化悠久的历史证明沂蒙人民能够顺应时代潮流，吸取传统与近现代文化中的积极因素实现沂蒙文化的发展。临沂市努力把自身打造为文化气息浓厚的宜居之地与现代商城，既希望保留传统文化，又要使城市兼具现代气息。沂蒙人民在努力实现二者的兼容，积极转化传统文化中积极的成分，使之成为现代化建设的精神动力，又用现代设计将传统文化纳入人的眼球，实现传统与现代的融合。文化是城市的内涵，有文化底蕴的城市才更有特色和吸引力，打造沂蒙文化品牌，整合不同文化，使沂蒙文化更具有包容性和发展性，能够提升临沂市的文化内涵，为临沂市的发展提供文化支撑。

再次，沂蒙经济以质量树碑，诚信经商。品牌文化的力量在经济领域表现最为明显，它已经成为产品生产、销售的重要手段。临沂市正努力践行“一心”“两轴”“四个象限”的发展策略，已成功举办园博会等重要项目，积极发展县域经济，建立并发展了小商品批发市场、大型板材市场、物流市场等，使经济走向专业化、集中化、特色化的发展模式，塑造了临沂良好的经济形象。临沂市以鲁东南、苏北地区的中心城市为发展目标，这一目标的实现需要沂蒙人民培养品牌意识、创新意识，将质量、诚信作为提升商品竞争力的重要手段，以此来塑造沂蒙经济品牌。

最后，沂蒙精神强调以群众利益为核心，使政府成为百姓的“贴心人”。自中华人民共和国成立以来，党和各级政府密切关注百姓利益，通过一系列政策解决百姓温饱问题。随着国家综合国力的提升，我们的时代任务也在发生着改变，当今社会关注的焦点在于如何提高百姓的生活水平和幸福指数。这一任务的完成与否关键在于各级政府是否能够履行相应的职责，发展科教文卫、社会保障、社区建设等事业来满足群众全面发展的需求。这一任务既是他们的职责，也是对他们的挑战。要完成这一任务需要各级政府提升自身的行政能力，具有开拓创新精神；科学地制定市、区、镇的具体发展方案，需要各级政府公务人员具有民主、法治、服务、效率意识，努力地实施这些科学决策，利用人民赋予的权力为民服务，想群众所想，足群众所需，把群众的满意度作为检验工作成效的标准，努力履行政府的社会管理职能和公共服务职能。沂蒙文化从历史中走来，又在发展中不断更新自身，创造新的历史，贯穿这一进程的是沂蒙人民对时代精神的体会与践履。历史证明只有把握时代脉搏，才能在历史中留下身影。沂蒙品牌的塑造是对沂蒙精神的践行，同时是沂蒙精神寻求新发展的内在需求，沂蒙精神要在社会转型期发展自身，需要沂蒙人民自觉地提升自身的民主法治意识、文化素养、创新意识、政治觉悟，以新形象成为社会主义现代化的建设者，而沂蒙人民形象的改变正是时代的要求，是沂蒙精神顺应时代文化的新发展。

塑造好临沂新形象是一项复杂的社会系统工程，形象作为生产力的一部分，只有由表及里、不断深化，才能逐渐提升临沂新形象。打造沂蒙文化品牌，提高品牌在社会中的影响力，从精神层面塑造临沂形象，从沂蒙精神方面去巩固临沂新形象，才能够让临沂新形象具有持久生命力，才能实现量的提升、质的飞跃，才能实现形象塑造的目标。全面打造的沂蒙文化品牌，具体可以做到以下两点：第一，传承沂蒙精神，巩固原有良好形象。沂蒙精神经过长期不懈的宣传和教育，在全国范围内具有一定的知名度。特别是近年来，沂蒙地区借助于改革开放的春风，实现了经济的快速发展，改变了老少边穷地区的形象，沂蒙精神已经成为沂蒙地区未来发展的强大精神动力，特别是其中的无私奉献、艰苦奋斗、勤劳务实等优秀品格，已经成为当地的名片，有利于当地经济的持续增长，有利于实现新价值的创造。第二，建立文化标识，打造个性文化品牌。随着改革开放程度的不断深入，地区文化结构发生了巨大的调整，地区文化只有彰显出个性和魅力，才能不断丰富其内涵，才能打造文化品牌。一旦形成文化品牌，就能够对消费者和受众产生强烈的吸引力，从而让该品牌得以发扬光大，沂蒙文化品牌要想立足于世界，就必须不断地增加其个性魅力和内涵。

总而言之，沂蒙精神是塑造沂蒙品牌的精神动力。品牌需要文化的支撑，否则它只是一个空架子，依托沂蒙精神和改革创新的时代精神，为沂蒙地区的文化、经济、政治注入了新的发展动力。沂蒙地区所取得的优秀成果都是沂蒙精神的体现，"沂蒙精神是一种政治优势，是宝贵的精神财富，这种政治优势和精神财富，在市场经济条件下，完全可以转化为强大的物质力量"。沂蒙品牌不仅是物质成果，也是精神成果，沂蒙精神所蕴含的改革创新、无私奉献的精神是进行社会主义现代化建设的宝贵财富，不断地为沂蒙人提供精神力量，使沂蒙人民相信通过自身的努力提高生活水平和幸福指数，同时要求沂蒙人民始终发扬开拓进取的精神，不断提升自身各方面的素质，推动社会主义现代化建设。沂蒙品牌将成为沂蒙精神发展的又一阶段，会将沂蒙精神、沂蒙文化传播到范围更广的天地中。

第六节　动员全社会力量壮大弘扬沂蒙精神的阵地

沂蒙精神的弘扬，离不开全体人民群众的参与。只有全体人民群众参与，才能解决一切困难，才能让沂蒙精神得到人们的认可、认同。调动全体人民参与沂蒙精神弘扬的积极性，提升人们对沂蒙精神的认同感，凝聚社会所有力量，发扬沂蒙精神，把沂蒙精神融入社会主义核心价值体系建设中，具体可以做到以下几点：

一、发挥党员干部的模范带动作用

榜样的力量是无穷的，能够对他人产生影响、熏陶和感染，树立榜样目的就是为了明确方向，在革命战争实践、在社会主义建设时期中，榜样的力量都是显而易见的。沂蒙老区在此过程中涌现了一批又一批的先进典型，他们是沂蒙精神的典型代表，是临沂人民群众智慧的真实记录，是沂蒙精神的具体体现。弘扬沂蒙精神，首先，要利用革命战争年代老典型的榜样作用，结合社会发展的新变化，影响和鼓励人民群众。其次，要利用新时代下新典型，树立起弘扬沂蒙精神的先进集体和个人，对他们进行表彰和激励，利用这些先进的集体和个人，弘扬沂蒙精神，推动社会主义现代化建设的顺利进行。最后，在学习和推广先进典型的同时，营造一种良好的氛围，鼓励人们敢于拼搏、勇于争先，不断向先进靠拢。

广大党员干部是社会的公仆，是全心全意为人民服务的人，同时也是社会的领导阶层，自身必须具有为人民服务的精神，严于律己，时刻以沂蒙精神来要求和约束自己的思想和行为，展示一个共产党人应有的精神风貌。广大人民群众要深刻地认识到幸福生活的来之不易，自觉地参与沂蒙精神弘扬活动。可以通过各种各样的群众性活动，把沂蒙精神融入社会主义核心价值观的建设过程中，融入具体的社会生活中，用沂蒙精神去解决社会各种问题。比如，在乡村、街道和社区，开展各种以沂蒙精神为主题的实践活动，增强人民群众对沂蒙精神的理解和认同，让人民群众能够更好地理解社会主义核心价值观；在重要节日开展多种形式的红色活动，让人民群众能够近距离地感受沂蒙精神，领会沂蒙精神的内涵。

二、调动人民群众的参与积极性

弘扬沂蒙精神，是革命精神的传承和继承，每一个社会成员都应该贡献自己的力量，承担自己应尽的责任，通过不同渠道去弘扬沂蒙精神。中国革命和建设的历史经验证明，只有人民群众的支持，才能取得革命的胜利，才能实现社会主义建设的成功。所以任何时刻、任何条件下，中国共产党必须密切联系群众，走群众路线，发挥人民群众的力量，才能克服一切困难，才能取得胜利。如果脱离了群众，最终必将走向失败。改革开放之后，沂蒙地区的各级党组织带领着当地的人民群众，自力更生、艰苦创业，为经济发展作出了重要贡献，改变了沂蒙地区贫困落后的局面，实现了当地经济的快速发展。弘扬沂蒙精神，就必须鼓励人民群众广泛参与，调动人民群众参与的积极性，才能够让沂蒙精神深入人心、遍及沂蒙大地，可以在人民群众的日常生产生活和工作学习中，融入沂蒙精神，让沂蒙精神环绕在人们的周围，随时随地感染和熏陶群众，群众能够随时随地去体会、去领悟沂蒙精神。

三、引导大学生加强沂蒙精神的学习与践行

习近平同志指出，青年兴则国家兴，青年强则国家强。青年一代有理想、有本领、有担当，国家就有前途，民族就有希望。大学生作为社会的新生代，在弘扬沂蒙精神、传承社会主义核心价值观方面任重道远，起着关键作用。沂蒙精神是对大学生进行“三热爱”教育和社会主义核心价值观教育的生动教材。俗语有云，桑树要早弯，孩子要早教。红色基因的传承，沂蒙精神的弘扬光大最终要落到青年人这一代人肩上。全媒体时代，青年人既可能是受益者，又可能是受害者，关键在于运用是否得当。青年一代没有经历战火纷飞，也没有受过饥饿的摧残，对于诸如沂蒙精神这种革命精神难免知之甚少。随着改革开放的不断深入，当代社会思想呈现出多元化的特点，特别是外来思想、外来文化对本土文化和思想造成了巨大的冲击。当代大学生只能进一步坚定马克思主义信仰，用沂蒙精神来坚定自己的思想和信念，主动地学习、传承沂蒙人民所特有的精神，才能够抵制外来思想的冲击，才能够坚定不移地走中国特色社会主义道路。把沂蒙精神内涵融入学校思想政治教育教学体系中，借助于思想政治教育这一载体，让沂蒙精神传递给大学生，内化为大学生思想理念的一部分，外化为大学生的具体行为，用沂蒙精神、社会主义核心价值观去培养大学生正确的思想观念；通过多种形式宣扬沂蒙精神，让大学生了解沂蒙精神所蕴含的价值理念，并把这种价值理念作为标准，检验自己的思想认识，敦促大学生顽强奋斗、敢于拼搏、敢于创新，勇于为社会主义建设贡献自己的力量。

在全媒体时代，让沂蒙精神进教材、进课堂、进头脑，塑造校园红色文化

不仅是时代需要，也是当务之急。校园总体规划是重点。各种各样的象征符号可以增强沂蒙精神宣传的仪式感。如临沂大学图书馆的总体形态便是一个“崮”字，可以让师生直观感受沂蒙的特色文化。路灯的形状也可以运用象征革命意义的红色五星或者火把，教室和校舍等场所可以悬挂、张贴介绍革命英雄的事迹简介等诸如此类的别具匠心的设计，可以让学生随时感受沂蒙文化的内涵，接受革命精神的洗礼。

沂南县紧紧抓住研学游上升到国家教育战略层面的大好机遇，成立了红色研学游推进机构，充分利用红色资源，大力兴建红色研学游设施，并根据红色景区特点和研学需要，设置了影视拍摄、中国红嫂纪念馆教育、山东大煎饼体验、沂蒙传统民居“干插墙”教学知识、非物质文化遗产面塑等十多个研学点。利用沂蒙老区丰富、优越的红色教育资源，把爱国主义理想信念教育与知识学习、体验实践结合了起来。

培训课程的设置，采取的是体验式教学模式，体现了“五性”——思想性、知识型、趣味性、科技性以及多重性的特点。根据研学目的、要求，通过设计特定的场景、人物、事件，再现事件或事物发生与发展的真实情景，并由老师引导学员进入相关的角色并亲身体验、实践、感悟，开启自己的“红色之旅”“自然之旅”“文化之旅”“技能之旅”“艺术之旅”。

据统计，近几年，共有来自省内外的近35万人到红嫂家乡暨沂蒙红色影视基地进行红色研学旅行，2017年11月17日，中国研学旅行发展论坛2017年年会在南京举行，红嫂家乡暨沂蒙红色影视基地被评为“中国研学旅行教育实践示范基地”。

第七节　将沂蒙精神融入社会主义核心价值观教育的制度建设中

一、建立健全奖惩机制

爱国、敬业、诚信、友善，是社会主义是核心价值观个人层面上的要求，在沂蒙精神中则生动体现为爱党爱军、无私奉献，和社会主义核心价值观相比，沂蒙精神更加生动具体，人民群众更易理解和接受，通过弘扬沂蒙精神，能够提高人民群众对社会主义核心价值观的认识和理解能力，能够让人民群众更加自觉地践行社会主义核心价值观。要想在大众层面把沂蒙精神转化为人民群众的具体价值目标和行为，提升人民群众践行的自觉自愿性，最有效的方法就是建立起完善的奖惩机制，让群众能够明确对错，明确应该做的和不应该做的。比如，现实中出现的先进典型，要大力进行宣传，提高群众的知晓程度，并给予相应的褒奖，通过榜样的示范力量引领社会发展；现实中出现的不良行为，应该严厉谴责、公开鞭挞，依据法律法规进行惩戒，只有扬善惩恶，才能树立正确标杆，形成良好氛围，实现沂蒙精神的具体化。

二、建立健全制度保障机制

通过完善的监督机制、法律法规、规章制度，才能够确保把沂蒙精神完全融入社会主义核心价值观教育中。制度保障是融入其中的关键，但整个融入过程并不是一蹴而就的，是一个复杂的社会性的系统工程，建立健全相应的保障制度，才能够突出重点、整体推进、有效融入。社会主义核心价值观的确立，首先需要有党和国家各级领导的有效领导，然后要通过专家学者的思想理论研究，最后，在相互支持、相互作用下才能实现。从组织领导方面看，沂蒙精神融入社会主义核心价值观教育工作，需要各级党委领导统一安排部署，制定相关的制度和措施，每一项制度和措施都必须落到实处，还要通过监管手段对整个过程进行监管，这样才能够让沂蒙精神有效地融入。除此之外，各相关部门、主流媒体、人民群众还要发挥监督功能，保障制度能够有效落实。

三、建立健全激励创新机制

在艰苦卓绝的斗争中、战火纷飞的年代形成了沂蒙精神，革命战争中的斗争故事、先进典型已经融入人们心中，成为沂蒙精神的象征。进入新的历史时期，沂蒙精神所蕴含的革命斗争精神逐渐削弱，不被人们所重视。战争年代已经远去，即便是把战争年代的价值和意义再多挖掘，也很难引发青年一代的心灵共鸣。所以在新时期，应该把沂蒙精神和时代精神结合起来，实现新内容和形式上的创新，让沂蒙精神彰显出时代特征，能够成为当代社会成员的精神支柱和动力，才能让沂蒙精神重新焕发光辉。所以，建立健全激励创新机制沂蒙精神中起着重要作用，具体可以做到以下三点：第一，重视对创新工作的管理和推动。相关部门应该结合核心价值观的教育，制定出具有引导性和激励性的政策，从制度保障方面实现创新。第二，要发挥专业团队的作用。在核心价值观教育一线的工作者对此了解比较深，具有一定的创新意识，应该激发此部分人工作热情、创新能力，并把此部分人作为理论创新工作的人才基础。第三，实现创新内容和形式的多样性。从内容上看，可以在已有优秀成果的基础上，结合时代的需求，从不同的角度挖掘沂蒙精神的价值，然后针对不同受教育者进行调整，提高沂蒙精神的针对性，让沂蒙精神真正地走入受教育者的心灵，对受教育者进行全方位的教育。第四，搭建创新成果展示平台。把创新成果及时发布到平台上，让更多的人感受到沂蒙精神的创新发展，从而扩大沂蒙精神的社会影响力。

第三编　沂蒙精神融入高校育人体系

第九章　沂蒙精神与大学生核心价值观教育相结合

大学生群体是国家的未来，是社会发展的生力军。培养大学生核心价值观，是社会主义核心价值观教育的重点。当前国与国之间的博弈已经进入了白热化阶段，当前博弈的重点是以社会主义核心价值观为评判标准进行意识形态领域的博弈。通过前面分析可知，沂蒙精神在当今社会仍然起着重要作用，具有重要的时代价值。本章重点介绍在大学生社会主义核心价值观教育中沂蒙精神的价值体现。

第一节　当代大学生核心价值观的内涵与重要性

一、大学生核心价值观的内涵

价值观是人们价值判断标准，存在于人们头脑之中，是社会意识范畴的表现。不同的主体、不同的时代，价值观也不同，其表现形式多种多样，有的价值观表现为“君子喻于义，小人喻于利”，有的价值观表现为“生当作人杰，死亦为鬼雄”，有的价值观表现为“为中华之崛起而读书”，也有的价值观表现为“苟利国家生死以，岂因祸福避趋之”。价值观会随着时代的不同而不同，同时会随着主体的不同而不同，价值观具有多层次、多元性、有位阶的特征。对于同一个主体来说，价值观也是多层次、多元化的，有的价值观属于核心价值观，此种价值观最稳定、最根本，有的价值观属于多元价值观，容易随着外部因素的变化而变化。

和大学生其他价值观相比，大学生核心价值观的关键在于“核心”，要想深入地了解大学生核心价值观的内容，就必须对“核心”二字的内涵进行详细分析。“核心”在现代汉语中是一个使用频率非常高的词，其含义有三个：第一，中心；第二，起主导作用的部分；第三，事物之间起主要作用的部分。大学生核心价值观同样有三层含义：第一，是大学生价值体系中居于中心位置的价值观。大学生价值观体系是多元的，居于中心的就属于核心价值观，其他价值观围绕着核心分散在周围。第二，引申义，在大学生价值体系中起主导作用的价值观，就属于大学生核心价值观，居于核心地位，起主导作用，对其他价值观起着引领作用，影响着其他价值观的性质和方向。第三，大学生核心价值观和其他价值观之间是主导和从属关系，大学生核心价值观起着主导作用，是价值体系中的重要部分，其他价值观是次要部分，处于从属地位。大学生核心价值观共有上述三层含义，相互作用和补充，形成了一个统一整体。

综上所述，大学生核心价值观指的是在大学生长期学习、生活、交往过程中形成的基本认知态度、观点和行为的集中表现，受多方教育力量的影响，同时也是大学生判断和处理价值问题时的态度和根本立场。

二、加强大学生核心价值观教育的重要性

当前，90后已经成为在校大学生群体的主力军，90后生活在一个经济全球化进程不断加快的时代，同时受到社会主义市场经济的影响，因此90后的视野和心态均发生了巨大的变化，呈现出差异化、多元化的价值取向，特别是在人生、理想、学习和就业方面。可以从以下三点加强对大学生社会主义核心价值观教育：

第一，提高大学生政治价值认同的需要。

对国家基本政治问题、现象和解决措施的态度和看法，称之为大学生政治价值认同。大学生群体所持有的政治价值认同具体体现在三个方面，一是社会政治关系的认同，二是政治发展趋势认同，三是政治发展方向的认同。大学生

作为国家未来、社会发展的生力军，他们的政治心态直接影响着国家的稳定、社会的可持续发展。大学阶段则是大学生价值观的形成时期，也是大学生群体政治价值取向成型的关键时期。

从整体上看，当代大学生政治态度积极向上，高度积极关注国内外政治形势，政治价值取向整体上是正确的。特别是涉及国计民生、国家荣誉的事情，大学生都踊跃参与，并展示了强烈的爱国主义情怀、民族自豪感。但是大学生政治价值取向并不稳定，还存在着一些问题，随着社会复杂度不断增加，这些问题逐渐地暴露和彰显。邓小平曾经指出，高校教育的重点在于思想政治教育，思想政治教育的核心在于正确的政治方向。所以高校工作者要通过多个途径，加强对大学生核心价值观的教育，并把此作为思想政治教育的核心，让大学生能够正确地认识中国的现状、充分了解当前的发展，并明确中国未来发展走向，不断增强大学生政治价值认同，引导他们树立正确的政治信念，形成崇高的政治理想。

第二，维护国家意识形态和文化安全的需要。

一直以来，某些国家都没有放弃对我国的和平演变，在经济和军事进攻未果的情况下，他们把矛头转向了大学生群体，通过各种渠道不断地向大学生群体灌输各种西方思想和理念，试图改变大学生的价值观。随着西方思想和文化思潮对我国本土文化的冲击，我国逐渐形成了多元化思想观念和价值倾向，特别是大学生群体每天都有上网浏览的习惯，深受西方文化和思想的影响，部分大学生群体甚至热衷于国外文化，忽略了中华民族的传统文化，这种现象在大学生群体中比较普遍，应该引起国家和高校的重视。要想有效地抵制西方不良思想的渲染和文化思潮的攻击，就必须在大学生群体中加强社会主义核心价值观教育，端正大学生的价值观念，自觉抵制西方错误思潮的渗透。

对大学生群体开展多种形式的核心价值观教育，首先能够维护国家意识形态的主体地位，明确主流意识形态的引领作用，解决不同文化融合和冲突过程中带来的消极问题。用马克思主义一元化的价值导向，对大学生进行核心价值观教育，提高大学生群体对马克思主义理论的认同、对国家和民族的认同，坚定马克思主义理论在意识形态领域的主导地位，抵制各种不良思想的影响。其次，能够在大学生群体中形成文化和意识形态领域安全的意识。当今国际形势极其复杂，一些西方国家一直不忘颠覆社会主义国家，所以大学生群体要时刻保持警惕，以积极的心态去应对各种复杂问题，以正确的价值观去面对各种冲突。

第三，塑造大学生全面成长成才的需要。

当前我国正在全面建成小康社会，大学生群体是继往开来的一代，承担着中华民族伟大复兴的历史使命，要实现中国梦，就需要青年人为之不懈奋斗。大学生要树立正确的人生价值观、世界观，才能够承担起历史使命。大学生要充分认识到国家的前途命运和个人的发展息息相关，因此要不断地提高自身的专业技能、专业素养，形成正确的价值观念，才能实现社会发展和个人发展的目标。

第二节　沂蒙精神融入大学生核心价值观教育的可能性分析

沂蒙精神在革命和建设的过程中形成、发展、更新和完善，是中国共产党人和广大人民群众英勇无畏的斗争精神、坚定革命意志的集中体现，是一种群体思想意识。在大学生核心价值观教育中要融入沂蒙精神，坚定大学生的理想信念，明确奋斗目标，提升大学生的价值理念。在大学生核心价值观教育过程中，引入沂蒙精神的可能性有四个：

第一，沂蒙精神所蕴含的爱国主义精神、坚定的理想信仰，正是大学生学习的内容、明确的基本立场。沂蒙地区在战争年代为革命胜利作出了巨大的贡献，约有150万沂蒙人参军，直接参与革命战争。有无数的沂蒙人民群众为革命战争贡献出自己的一切，碾米磨面，做军鞋、军衣，沂蒙人民用自己的行动诠释爱党爱军的政治立场。大学阶段正是个人价值观形成时期，受到各种因素的冲击，大学生价值观模糊，方向不明确，所以用沂蒙精神的基本立场对他们进行教育，有利于引领他们形成正确价值观。

第二，沂蒙精神中所蕴藏的奋发进取、敢于创新的思想，正是大学生应该具备的价值取向。沂蒙人民在极度困难时期，依然能够克服重重困难、敢于创新，迅速弥补战争、动乱所带来的创伤，用自己的双手创造了无数的辉煌和奇迹，摆脱了贫困落后的局面，走向了社会主义发展的康庄大道。当前有些高校存在着教育体制模式僵化，教育方法落后、教育内容单一，很难激发大学生的创新精神、思辨精神，久而久之，会导致大学生群体创造力退化。所以我们应该用沂蒙精神中敢于创新、奋发进取的思想，培养大学生的质疑精神，不断提高大学生的创新能力。

第三，沂蒙精神中所蕴含的顽强拼搏、艰苦奋斗的思想，正是大学生所需要的精神动力。当代大学生生活在红旗下，成长在阳光中，在顺境中长大，很多人会产生虚荣、浮夸、骄傲的不良习惯，所以大学生更应该从沂蒙精神中去领悟革命精神，继承艰苦奋斗的优良传统，用高标准严要求约束自己的思想和行为。

第四，沂蒙精神中所蕴含的诚信、无私奉献、顾大局的思想，正是大学生应具备的道德品质。当代大学生只有拥有良好的道德品质，才能取得人生和事业的成功，只有具备诚信守诺、德才兼备的品质，才能够在人生的道路上迎来辉煌。

第三节　沂蒙精神在大学生核心价值观教育中的价值体现

沂蒙精神是一种特殊的资源形态，是先进群体性意识通过精神性的方式存在，具有强烈的渗透性、教育性和凝聚性特征。沂蒙精神虽然起源于革命战争时期，但深受中国传统文化影响，实际上是中国传统文化和革命精神在沂蒙地区的凝聚和升华，首先是一种难能可贵的精神性资源，具有育人功能、纪念价值、资政价值。其次，是一种独特的红色文化资源，借助于物质载体和精神载体，在大学生核心价值观教育中广为传播，成为大学生核心价值观形成的精神动力。

一、提供了优质且丰富的教育教学资源

思想政治理论课是进行大学生核心价值观教育的主要阵地，教育内容只有具有真理性、先进性、真实性特征，才能彰显该课程的生命力、感召力、感染力，才能在学生群体中普及，让学生理解、认知、接受和认同，才能真正地实现思想政治教育的价值。思想政治理论课程必须结合当下大学生核心价值观教育的具体需求，设置深刻的、可操作性比较强的、蕴含真理的教学目标、教学内容和方法。沂蒙老区每一个角落都经历过大大小小的战役，作为华东战场的主要根据地，这里留下了无数宝贵的红色资源，沂蒙红色资源已经成为当地重要的精神资源，而沂蒙精神是这种红色资源的具体体现。沂蒙精神作为一种优质的教育资源，在育人方面具有得天独厚的功能，是历史、政治和文化价值的凝聚，能够让人们重新回到革命战争时期，感受革命志士英勇奋斗、为国为民不怕牺牲的精神，领悟红色文化资源的形成、丰富和完善的过程。红色资源承载着光辉的历史，散发着浓郁的人文气息，对人们起到了巨大的激励和锻造作用，把这些资源转化为教育教学资源，能够有效地对学生进行爱国主义情操培育，能够不断地提高学生的道德修养，提升学生的思想境界，同时能增强课堂教学的实效性。沂蒙精神本身就是一种高尚、神圣的精神文化，借助于物质和精神形态载体体现出来，对大学生具有普遍的教育意义。在教学活动中融入沂蒙红色文化资源，能够让学生亲身体验历史事实，亲身感受革命精神，从而形成正确的价值观，树立起崇高的信仰。大学生通过沂蒙精神的学习去感知精神力量的强大，从而形成正确的思想观念，自觉地抵制不良思想的侵蚀。沂蒙精神具有强大的生命力和感染力，为大学生社会主义核心价值观教育提供了一个极其开放的教育环境，能够对大学生起到熏陶和感染作用。沂蒙精神和社会主

义核心价值观教育相融合，既能够解决思想政治教育过程中的困境，又能够彰显社会主义办学方向，还能够培养和塑造大学生社会主义核心价值观，帮助大学生群体树立起坚定的信仰和信念，形成正确的价值观念和价值取向。因此，沂蒙老区可以借助于自身独特的红色文化资源优势，在大学生群体中广泛开展多种形式的思想政治教育活动，比如爱国主义教育、核心价值观教育、民族精神教育等，利用红色文化资源的感召力和生命力，让大学生能够从中领悟历史、启迪思想，形成坚定的价值理念，从而约束和规范自身的行为，明确未来发展的方向。

二、确保了正确的价值观导向

中国共产党经历了艰苦卓绝的斗争，带领着中国人民取得了革命和建设的胜利，从党的发展历程、奋斗目标中可以看出，为人民服务、实现最广大人民群众的根本利益，是党的一切工作的核心，是共产党人的价值理念和诉求。习近平同志在北京大学讲话时多次强调了这一点，每一个时代，都有自身独特的精神和价值观念，当今社会其价值观念集中体现在核心价值观上，核心价值观只有和历史文化、时代需求、奋斗目标相结合，才能解决社会中的各种问题。爱党爱军、无私奉献是沂蒙精神所蕴含的道德价值观念、目标和追求，是一种新型的道德规范，通过沂蒙精神的宣传和弘扬，有利于培养当代大学生正确的价值观。

无私奉献是沂蒙精神的核心内容之一，在不同的时代，无私奉献的精神内涵不同，但其共同之处就是顾大局、不计私利。革命年代、社会主义建设时期，沂蒙地区的人民群众总是把党和国家的利益放在首位，为抗战胜利、社会主义建设倾尽所有，为了党、为了国家、为了人民，可以贡献包括生命在内的一切。沂蒙女性群体把这种无私奉献精神演绎到了极致，为了战士、为了革命牺牲了自己的一切，为了让部队顺利过河，搭建人桥，一些生命流失在洪流之中，沂蒙女性的这种勇敢坚强、至善至美的精神直到今天，仍然流传在沂蒙大地上。当代大学生受到不良思潮的冲击，其价值观念存在着模糊、扭曲等现象，具体体现在人生目标自我化、物欲化，价值追求极端化，想象理想化，这些现象影响着大学生正确价值观的塑造，所以应该通过沂蒙精神对大学生进行教育，引领大学生形成正确崇高的价值观。沂蒙精神蕴含着红色基因，能够对大学生思想进行荡涤，心灵进行净化，在大学生群体中铸就正气、凝聚力量、砥砺品质，把沂蒙精神中的政治信仰、价值观念、精神品格继承和传承下去，树立牢固的核心价值观。

三、加深了大学生感知理想和信念的力量

理想信仰是个人奋斗的目标、前进的方向，是人的灵魂支柱，是源源不断的动力，推动着人们为之不懈奋斗。习近平在青少年群体中多次强调，要形成坚定理想信念，要坚定不移地向着目标奋斗。任何人丧失了理想信念，就会导致精神缺钙，就会在社会洪流中迷失方向。正确的理想信念能够坚定大学生人生道路的方向，能够激励大学生为之奋斗，不懈努力。当代大学生缺乏理想信念，缺乏方向，缺少目标，他们在生活、学习、工作、交往中往往非常迷茫，失去了前进的动力。

沂蒙精神具有先进性、时代性的特征，能够随着社会的发展而不断更新。爱党爱军，对培养当代大学生正确的政治信仰具有重要的教育作用。弘扬沂蒙精神，能够让大学生坚定理想信念，形成优良作风，养成良好习惯，同时能够不断提升大学生实事求是、诚实守信、奋勇向前的品质，所以，在大学生感知理想信念教育中，沂蒙精神起着极其重要的作用。

四、明确了大学生应该继承艰苦奋斗的优良作风

在同各界优秀青年代表座谈时，习近平强调，人类美好理想不可能唾手而得，需要艰苦卓绝地奋斗，需要持之以恒地努力。说明了在人生的历程中，要始终艰苦奋斗，只有通过自己的艰苦奋斗，才能实现人生的目标。离开了艰苦

奋斗，任何目标、任何理想都如同镜中花、水中月，无法实现。革命道路荆棘丛生，沂蒙人民就是凭借着艰苦卓绝的斗争精神，凭借着艰苦奋斗、开拓奋进的精神，克服了革命道路上的种种困难，战胜了无数次敌人的围追堵截，最终取得了革命的胜利。沂蒙精神深受齐鲁文化的熏陶，在传统文化的作用下，沂蒙地区形成了自力更生、艰苦奋斗、不等不靠、坚忍不拔的优良作风，不向困难低头，不向敌人折腰，顽强拼搏、努力争取、奋力向上。无论是革命斗争时期还是和平建设时期，沂蒙人民正是凭借着自身艰苦奋斗、自力更生的精神，创造了无数辉煌。

当代大学生生活的环境比较宽松自由，成长的道路大多数一帆风顺，很少受到挫折、磨难，所以有些大学生缺少吃苦耐劳的精神。弘扬沂蒙精神恰好能够解决此方面的问题，首先，帮助大学生充分认识到艰苦奋斗的重要性，并从思想深处形成艰苦奋斗的品质。当前我国正在全力进行社会主义现代化建设，需要无数的人艰苦奋斗、不懈努力，大学生也是其中的一部分。通过沂蒙精神教育，能够让大学生形成正确的消费观念和生活方式，让他们认识到社会主义现代化建设的长期性、复杂性、艰巨性，能够脚踏实地为社会主义现代化建设作出自己应有的贡献，同时树立起艰苦奋斗、勤俭拼搏的爱国主义精神。其次，弘扬沂蒙精神，能够帮助大学生贯彻艰苦奋斗的作风。大学生作为继往开来的一代，承担着社会主义现代化建设的重任，应该继承和弘扬我党艰苦奋斗的优良作风，无论是在学习还是在生活过程中，都必须脚踏实地地获得真才实学，通过自己的努力拼搏创造美好未来。

五、沂蒙精神是当代大学生人格塑造的精神之钙

在当代中国，能够担当当代大学生价值理念、人格素养健康发展引领重任的，必然是社会主义核心价值观。沂蒙精神是在中国共产党的领导和精心培育下逐步发展而来的，它扎根于中华民族精神的土壤之中，作为中华民族文化的继承和发展，代表着当代中华民族文化的主流，体现着中华民族的智慧和精神

风貌，是培育和陶冶民族精神和民族性格、民族思维方式和民族价值取向的巨大力量，是我们党和国家的宝贵精神财富。更为可贵的是，沂蒙精神始终与时俱进，随着时间的推移、社会的发展，沂蒙精神依然在不断地丰富发展，它与社会主义核心价值观本质相同、内涵一致，是社会主义核心价值观的生动体现，有着丰富的价值意蕴，成为社会主义现代化建设的强大精神力量。

沂蒙精神构成了临沂红色文化最本质的要素，是沂蒙人薪火相传的宝贵财富。它的发展历程充分证明：沂蒙精神的形成及沂蒙人民在革命和建设事业中所取得的巨大成就，是坚持马克思主义指导思想的成功典范，也是民族精神和时代精神的生动体现。沂蒙精神浸润和滋养着大学生的心田，为他们在多元文化冲击下感悟和品味真善美，坚定科学的理想信念，树立和养成坚毅、开朗、进取的性格，传承和践行诚信、友善的优良道德传统提供了优越的文化氛围。沂蒙精神所蕴含的崇高理想与坚定信念，是中国特色社会主义共同理想的鲜明写照，所蕴含的道德价值观念、价值目标和崇高的精神境界，是进行社会主义荣辱观教育的生动教材，为当代大学生的健康成长源源不断地供给着精神之钙。

第四节　高校沂蒙精神传播存在的问题

一、学习主动性不强，学习和弘扬沂蒙精神的动力缺失

目前很多高校大学生入校后均要接受思想政治理论教育，但是一部分大学生理想信念不坚定，比较浮躁。作为“网络原住民”，很多90后把日常关注点聚焦在流行文化上，较容易被形形色色的非主流文化影响，而对于从历史中沉淀而来的红色文化并不感兴趣，因此沂蒙精神的传播会受到一定程度的影响和阻碍。

二、传播形式固化，缺乏创新

当前，沂蒙红色文化面临的传播困境，主要表现为叙事方式的刻板化和模式化，与新媒体产生了脱节，出现了头重脚轻的不平衡现象，使得沂蒙精神教育缺乏感染力、吸引力，影响了我们对红色文化弘扬、传承既定目标的实现。另外，运用新媒体开展沂蒙教育还缺乏较为成熟和成功的经验，传播媒介功能性欠缺，不能满足新媒体时代的新要求，缺乏创新性，教育效果不尽如人意。

三、活动的渗透力与凝聚力有待加强

大部分高校能充分利用线下开展各类活动激发广大师生的参与热情，提高了他们对沂蒙精神的思想认识。但我们看到高校虽有活动形式上的改变，仍然是“上传下达”的传统模式，活动开展盲目，没有打造“精品项目”，学生自身缺少对沂蒙精神的认同和内化，没有真正领悟到沂蒙精神与实际学习生活之间的联系，使得扩展活动收效甚微。

四、注重单向灌输，未建立有效的反馈渠道

“信息反馈作为信息传播过程中的一个重要环节，操纵、规范着整个传播行为。”信息反馈是对传播效果的一个有效检验，它有助于传播者改进和优化下一步的传播内容、传播形式和传播行为。因此信息反馈在沂蒙精神传播过程中是一个重要的过程。而在我们思想教育过程中，缺乏了师生之间的双向交流，缺少了活动后的评价，导致学生对教育内容认同感不强，必然出现了学生被动参与、热情不高的现象。

结合沂蒙精神传播中出现的问题，高校应将沂蒙精神主题教育与广大学生成长成才的需求相结合，全面落实立德树人这一根本任务，强化思想引领，整合多种媒体扩大覆盖面，以微博、微信、直播、网站等新媒体为主要阵地，创新“视频、直播”等产品形式，挖典型、创栏目，线上集聚向心力，传播精神

文化，传递正能量，线下丰富活动形式强化渗透性，提升沂蒙精神传播活动的思想性、艺术性和吸引力、影响力，实现沂蒙精神“入脑入心”。

第五节　沂蒙精神融入当代大学生核心价值观教育的路径分析

培育和践行价值观，对于一个国家、社会和个体来说，均具有重要的意义。利用沂蒙精神，对当代大学生核心价值观进行培育，是一个复杂的过程，首先，要整合沂蒙红色文化资源，其次，要对大学生实际接受能力进行深入分析，并且结合高校的具体规定，才能够把沂蒙精神融入大学生的思想政治教育中。具体可以通过以下路径引导大学生树立正确的价值观，把沂蒙精神融入当代大学生核心价值观教育之中。

一、第一课堂：课堂教育探究

思想政治理论课是高校课程中的重点内容之一，该课程特点鲜明，在培养大学生认同感方面具有重要作用。思想政治理论课程具有强烈的渗透性、多样性、复杂性特征，在提升大学生品德修养、提升大学生思想境界、拓宽大学生知识面方面作用非常明显。思想政治理论课程同时也是大学生核心价值观教育的主要载体，通过课堂教学的方式，让大学生能够集中精力学习政策理论知识，了解国家的具体国情、政策走向，提升自身对政治的认识和判断力。在大学生核心价值教育过程中，沂蒙精神为其提供了宝贵的资源、内容和方法。高校应该借助思想政治理论课这一载体，利用沂蒙精神，对大学生核心价值观进行教育和培养。同时要充分发挥思想政治理论课的教育功能，明确教学目的、充实教学内容、更新教学方法，让大学生能够更好地接受和认同沂蒙精神所蕴含的内容。

（一）明晰教育目的

各大高校非常重视思想政治教育，开展了多种形式的历史教育和现实教育，其目的就是为了提升大学生的思想道德意识。在大学生群体中开展的历史教育，主要是对大学生进行中国历史文化传统、党和国家所经受的考验和波折的教育，让大学生了解历史，了解新中国成立的具体情况，才能让大学生对当代中国有更深刻的认识。在大学生群体中开展的现实教育，主要指的是让大学生清楚认识到改革开放和社会主义现代化建设过程中所经历的一切，正确地认识世界形势，明确自身所处的环境，从而坚定为社会主义现代化建设而贡献一切的决心。

沂蒙精神是高校开展思想政治教育的重要渠道之一。沂蒙地区深受齐鲁文化的影响，有着丰富的文化资源，马克思主义很早就在这里扎根，对沂蒙人民起到了深远影响，在马克思主义的指引之下，中国共产党带领着沂蒙人民不断寻求解放的机会，在重重困难之中，沂蒙人民凭借着自身无私奉献、艰苦奋斗、敢于创新的精神，克服了一个又一个的困难，创造了无数的奇迹，迎来了革命和建设的胜利。在历史教育和现实教育中，应该充分融入沂蒙精神教育，端正大学生思想观念、拓宽其知识面、坚定其理想信仰，用沂蒙精神来引领大学生的实际行动。比如临沂大学作为一所综合性大学，根植于沂蒙地区，在弘扬沂蒙精神、培育大学生社会主义核心价值观方面起到了很好的示范作用。该校把当地独特的红色文化资源作为培养人才的有效手段，通过沂蒙精神的弘扬和发展，提出了培养具有沂蒙精神特质、国际视野的高素质应用型人才的口号，在大学生核心价值教育中，认可和领会沂蒙精神，才能实现人才培养的目标。

（二）充实教学内容

高校思想政治理论课的内容科学性和合理性比较高，对大学生社会主义核心价值观教育起到了重要作用。沂蒙精神根植于沂蒙大地，其内容极其丰富，可以作为思想政治理论课的内容，调动学生学习的兴趣，增强学生对沂蒙精神的理解和认知认同。

沂蒙精神只有和时代精神相结合，充分整合开发沂蒙精神的教育内容，把其融入思想政治理论课、德育教育教学中，才能够对大学生起到教育作用。思想政治理论课是大学生接受思想教育的主要载体，应该根据大学生的接受能力、思想政治课的教学需求，有计划、有步骤地融入沂蒙精神，挖掘其内涵、探索其时代价值，并不断地寻求沂蒙精神和核心价值观教育之间的契合点。对大学生所进行的思想政治教育除了依赖于高校之外，还要寻求社会的帮助，把那些看不见的红色精神转化为生动形象、内容鲜活的教材，通过必修课程或选修课程的方式向学生宣讲革命老区发展史、传输沂蒙精神，让大学生对红色精神有系统性的认识和了解。比如，2011年，临沂大学首次设置了红色文化与沂蒙精神的必修课，该课程共2个学分，分为16个学时。临沂大学非常注重利用和开发沂蒙红色文化教育资源，并把沂蒙精神融入思想政治理论课程体系中，把理论和实践有效地结合起来，编写了多种此方面的教材，比如《沂蒙红色文化与沂蒙精神》《沂蒙简史》《沂蒙精神学习读本》等。

（三）改进教学方法

高校思想政治理论课教学常常采用灌输法的方式。在之前的教学过程当中，有一部分人十分怀疑灌输法这种教学方式所起到的作用，他们认为大学生在学习过程中由于心理、生理已经达到了一定的高度，可以在生活和学习中自动地去接受和判断各项事务，从而自主地形成稳定的价值取向，进一步使大学生的心理达到平衡，因此并没有强制性向大学生灌输革命理论知识的必要。然而，由于社会的飞速发展以及改革开放的不断深化，大学生在日常生活中的价值评判标准被各种思想不断地冲击，绝大多数的大学生难以在学习过程当中自主学习了解马克思主义理论以及中国共产党的发展历史。因此在一定的程度上，灌输法是一种十分有效的方法，这种方法可以使大学教师在有限的上课时间内主导学生的学习，引领学生进行思想政治方面的探索。使用灌输法需要因人而异，有针对性地对不同层次的学生进行教学，理论联系实际，并且与当下的时政热点相结合，避免空洞乏味地说教。

但是大学课堂在教学过程当中仅仅依靠灌输法，还不能够将沂蒙精神彻底地融入大学生的生活当中，因为这种方法主要是注重教师的主导作用，而忽视了学生在学习过程当中的主观能动性。因此我们需要进一步地贴近大学生的生活和思想需求，在传授客观知识的过程当中考虑学生的主观思想，在讲解课本知识内容的过程当中考虑教学的形式，教师应该采用更加灵活的多样化教学方式，在课堂教学过程当中大力结合沂蒙精神，从而做到课堂教学更加丰富有趣，进一步地提高教学质量，加深学生对沂蒙精神的理解。而为了做到这一点，教师在课堂上可以采取不同的教学方式，例如在实际生活当中寻找各种例子，结合沂蒙精神进行讲解，将学生进行分组布置课后作业，可以让学生学习小组自主查询各类资料并将其进行分析，在之后的课堂上让学生学习小组面对全班进行讲解，教师可以通过学生的讲解了解学生对沂蒙精神的理解程度，可以通过学生寻找素材的丰富程度和讲解的深浅对其做出点评，进一步地调动学生的自主学习的积极性，从而让大学生更加了解和认识沂蒙精神。学校和教师有资源、有条件的，可以邀请一些仍然在世的革命军人和烈士后代等榜样人物来学校进行演讲，也可以让这些榜样人物对学生进行点评互动，激发学生内心深处的情感，对学生进行鼓舞和鞭策，坚定大学生的理想信念，从而让大学生可以进一步找出自身的不足之处。学校也可以不定期开展关于沂蒙精神的学术交流会和这方面的学术讲堂，从而进一步地开展沂蒙精神主题教育活动，让大学生可以更加有深度地了解沂蒙精神。

临沂大学“红色文化与沂蒙精神”课程的开设，将沂蒙精神引入课堂，让红色文化资源进课堂，是对大学生进行理想信念教育的有效探索。与其他红色育人形式相比，“红色文化与沂蒙精神”课程具有自己独特的优点及不可替代的地位和作用。第一，理论性强。学校专门成立了红色文化与沂蒙精神教研室，自编了《红色文化与沂蒙精神》等系列教材，对红色文化与沂蒙精神进行了全面、详细的介绍和解读。通过课堂教学，可以使大学生并不只是停留在对人物、事迹的感动上，而是要在此基础上对这些人物、事迹进行理论分析和升华，上升到一定的理论高度，从而让大学生全面、系统地了解沂蒙精神的内涵、形成的过程等，使大学生的身心真正受到红色文化的熏陶和洗礼，树立正确的人生观、世界观和价值观，坚定理想信念。第二，实效性强。将“红色文化与沂蒙精神”课程纳入学校思想政治理论课课程体系，两学分，每周两节课，教育过程持续一学期，具有时间和教育效果上的连贯性，时效性强。其他红色文化教育形式时间短、次数少，对大学生影响时间较短，甚至是昙花一现。有些大学生在实践活动过程中被沂蒙母亲、沂蒙六姐妹等人物和事迹所感动，但很快便抛之脑后。通过一个学期持续性的教学活动，可以加深和强化大学生对沂蒙精神的认识和了解，提升教育效果。第三，系统性强。“红色文化与沂蒙精神”课程与其他思想政治理论课程联系紧密，相辅相成。比如“爱党爱军”这一部分内容就与“毛泽东思想和中国特色社会主义理论体系概论”中的“加强和改进党的领导”及“思想道德修养与法律基础”中的“继承爱国传统弘扬民族精神”等相联系，沂蒙精神生动的事例都可应用于这几门课程的教学。“红色文化与沂蒙精神”课程的开设，有利于提升其他几门思想政治理论课的教学效果。“红色文化与沂蒙精神”课程在开设过程中取得了较好的教学效果，得到了学生们的认可。大学生普遍认为该门课程让他们全面了解了红色文化和沂蒙精神，对群众路线也有了更深一层的认识，对大学生的理想信念教育具有重要的作用。临沂大学把红色文化资源融入课堂，开设“红色文化与沂蒙精神”课程，有利于帮助大学生坚定马克思主义理想信念，培养大学生的爱国情感，引导大学生树立科学的人生观、世界观和价值观，对于大学生理想信念教育以及其他思想政治理论课程教学都具有非常重要的作用和意义。

二、第二课堂：校园文化熏陶

大学校园文化是大学生的校园生活最重要的组成部分，同时是每一所大学的核心内容。校园文化包括了学校物质、精神和制度三个方面的文化总和。大学的校园文化具有开放性和社会性的特点，是一种社会上独特的文化形式，可以在大学生的学校生活过程当中影响大学生的行为规范和思想品德。因此，校园文化可以被认为大学校园课堂的延伸，可以对学生各方面的行为习惯和思想方面进行影响和改变。

（一）校园物质文化的感染

校园物质文化是校园文化的重要组成部分，学校的物质文化是学校存在以及发展的基础，从学校的物质文化可以直观反映学校的教育目标、学校的办学宗旨、学校整体的思想价值观念等等。

学校应该充分地发挥自身作为老革命区域的地理优势，在学校物质方面的建设上大力融合沂蒙精神，结合学校的办学特点和校风校纪，为学生营造一个浓厚的红色精神校园氛围。例如可以悬挂横幅、竖立纪念碑或者人物雕像，从而大力烘托学校的红色校园精神氛围。临沂大学在2011年开始，大力推行红色育人工程，在学校内部建立了许多红色场馆，例如红色文化馆、抗战支前雕塑群等等。大学生在踏入临沂大学的校门之后，便可以充分地感受到十分强烈的红色气息。临沂大学开通了校内沂蒙精神育人电视频道和数字广播，在学报、校报开辟沂蒙精神育人专栏；创作了一批红色雕塑、沂蒙精神长廊等校园文化景点，全面推进沂蒙精神“进校园”。东北大学则在学校内部建设了“一二·九花园”，利用静态的建筑形式，给学生带来内心方面的震撼，从而让学生在日常生活和学习过程当中，受到潜移默化的教育。各高校需要仿照这两所高校的形式，积极地将当地的红色文化资源最大程度地发挥和利用，红色精神可以通过建筑的形式生动合理地融入大学校园当中，进一步为学校的师生构建一个更加积极向上的文化氛围。同时，学校可以利用校内媒体进行沂蒙精神的宣传。

（二）校园精神文化的熏陶

校园物质文化是校园文化的外在表现，校园文化真正的灵魂则是校园精神文化。校园精神文化需要全体师生共同信守，校园精神文化具有十分强大的向心力和凝聚力。校园精神文化对于学生有着十分强大的熏陶作用。学校应该充分地利用这一方面的作用，对学生进行红色文化资源方面的教育，同时大力结合沂蒙红色文化资源的丰富性来建设校园文化，充分发挥发扬沂蒙精神的无私奉献和艰苦奋斗等优良作风，对大学生正在形成的价值观、人生观、荣辱观等进行潜移默化的教育。

高校的校园精神文化需要各类社团来承载，目前我国的各高校基本上都拥有着各式各样的学生社团，而学生社团的建立，需要通过当地的行政部门或者高校的高层领导的批准，制定一系列的规章制度来开展一些活动，同时，学生社团是属于非营利性的组织。学生社团由学生自发性组建，旨在塑造大学生的健康人格，同时培养大学生的兴趣爱好，可以为大学生提供进步的机会和锻炼自我能力的平台。当前高校的各类社团从性质方面划分，可以分为两类：一类是娱乐性社团，另一类是研究性社团。娱乐性社团是将一批拥有着相同的兴趣爱好的学生汇聚到一起，学生在相互交流过程当中使用轻松娱乐的方式进行自主学习。学校可以利用学生社团举办一些红歌比赛、沂蒙精神演讲和辩论比赛，定期向社团内学生播放一些有关弘扬沂蒙精神的影视作品，让学生对其产生更大的兴趣爱好，从而既可以让学生享受丰富的校园文化生活，又可以在娱乐的氛围当中教育学生培养正确的红色精神思想观念。

研究性社团主要是指大学生聚在一起进行学术方面的研究和讨论，在思想交换过程当中更加深化红色精神对学生的影响，让学生可以自主地深入去挖掘红色精神，甚至可以为其赋予新的内涵和价值。学校可以积极引导大学生们组建各类学术讨论组织，基于沂蒙地区丰富的红色资源，进行讨论分析，并定期向学校相关部门汇报组织内部的讨论研究成果，如果条件允许可以将各组织的讨论研究成果编写成一本学术期刊供学校其他的同学阅读。这一方式可以激发大学生的积极性和自主性，同时也能帮助大学生更加深刻地了解沂蒙精神，坚定大学生的人生理想和信念。

（三）校园制度文化的约束

校园制度文化是学校校园文化的另一组成部分，是学校各项规章制度和保障措施的综合表现，可以对学校的教师和学生进行约束和规范，集中地体现学校对校内教师和学生的具体行为要求。学校的制度是人为制定的，但是它反过来能塑造人的思想行为。因此，学校需要积极将沂蒙精神融入学校文化建设当中。

学校建设校园制度文化需要以学生为本，合理地进行谋划，从实际出发、从整体出发，在制度整体具有普遍性的同时，应该针对特殊性进行制定。高校建设学校相关的制度文化需要融合沂蒙精神，用刚性的制度来规范学生的行为和学习，用沂蒙精神的价值观念来建立健全大学生的世界观、价值观和人生观，从而使学生不断地完善自身的行为准则。学校需要健全各项的规章制度，建立一个长期有效的激励和约束机制。

大学教师要想将沂蒙精神融合进大学生的思想价值观中，需要想办法建立一个适用大学生并且长期有效的机制。可以从以下三个方面进行机制方面的建立：第一，学校各级领导需要加强此方面的认识，在布置工作任务过程当中深度融合弘扬红色精神、贯彻落实党的十九大报告等方面的内容。第二，根据学校现有的规章制度、校风校纪对大学生进行社会主义核心价值观的教育，让大学生在日常学习生活当中不断受到熏陶，对大学生的思想价值观念进行潜移默化的教育，同时制定合理的考核方式对大学生所掌握的红色文化知识进行考核。第三，需要加大监督力度，确保监督检查机制可以顺利进行，遏制学校的形式主义风气，确保教师在课堂上可以真正地将所规定的教学内容落实，同时确保学生可以真正地学习到沂蒙精神的各个方面。

临沂大学在措施保障上，进一步完善机制、强化举措，在组织领导、机构设置、团队建设和经费保障上下功夫，切实保障红色育人工程的有序推进。为把沂蒙精神融入学科平台建设，加强红色理论育人，临沂大学成立了沂蒙干部学院、山东省马克思主义群众观研究中心、山东省沂蒙精神研究基地等教研机构，对沂蒙精神、沂蒙文化进行全面、系统的研讨，积极申报国家级、省部级、市厅级及校级课题，研发编写相关教材。将社会主义核心价值体系、社会主义核心价值观教育融入红色育人工程，以校本通识必修课的形式开设“沂蒙精神与沂蒙红色文化”课程。依托思政教学部，成立专门承担全校思想政治教育教学的马克思主义学院，并抽调思政课教师成立红色文化与沂蒙精神教研室，专门承担“沂蒙文化与沂蒙精神”课程的教学任务。充分利用沂蒙老区形态各异、内容丰富的红色资源，把课堂拓展到社会实践基地、教育基地，让英模、红嫂、支前民夫等鲜活的人物、事例感染、启迪、引导学生，在丰富教学内容的同时，激发大学生的学习兴趣，提高教学效果。近年来，临沂大学依托沂蒙精神开展研究，已取得国家社科基金课题、教育部课题及省级课题等高端科研项目40余项，市厅级及校级课题科研项目100余项，出版教材、专著20余部，在各类报纸杂志发表学术论文数百篇，为扎实推进红色文化“进校园”“进课堂”“进头脑”奠定了坚实的基础。该课程已成为临沂大学最有活力、最受学生欢迎的通识课程之一，从而让大学生在红色四溢的校园文化之中，受熏陶、被感染、有所悟、得提升。

三、第三课堂：社会实践锤炼

社会实践是大学生把课堂知识运用于具体实践的重要环节，也是对大学生进行核心价值观教育的核心环节。大学生通过社会实践能够学到更多的知识，能够快速提升学生操作能力、适应社会能力，同时能增进大学生的意志品格。校园中的大学生所获得的知识大多数都是理论知识，虽然能够通过理论知识培养学生的核心价值观，但是这种形式的培养主要停留在理论层面，没有在社会中具体应用，因此大学生对此缺乏深刻的理解。社会实践过程是大学生把理论应用于实践的过程，能够切身去体会、亲身去感受，所以是培养大学生核心价值观的重要途径。大学生只有在具体的社会实践中感受过、体验过，才会认识到当前幸福生活来之不易，才会不断地努力、加倍珍惜当前的生活。所以在社会实践中对大学生进行沂蒙精神、核心价值观的培育，才能让大学生获得历练，感受到沂蒙精神的强大动力，才能真正把沂蒙精神融入自身的价值观念之中。

（一）积极开展社会实践考察活动

高校最常用的实践活动方法就是参观访问实践场所，比如参观访问爱国教育基地、革命遗址等，这种方式便于组织，能够让大学生置身于真实的环境中，真实地感受革命精神，能够产生强烈的感召力和说服力，能够把革命精神真正融入大学生的思想认识中。所以高校应该开展多种形式的社会实践活动，鼓励大学生积极参加。

沂蒙地区的红色文化资源极其丰富，应该深入挖掘、合理开发，让更多的人去了解和认识沂蒙精神的内涵，应该把此作为实践教育场所，培养大学生不畏艰险、无私奉献、奋勇拼搏的精神。比如，建设沂蒙革命纪念馆、华东革命烈士陵园、孟良崮战役纪念馆等，经常组织学生到这些教育基地参观，开展多种形式的教育实践活动。学生除了能够在课堂上接受红色文化教育之外，还能够在教育基地切身地感受沂蒙精神，就会自觉地把沂蒙精神深入自身的精神品格之中，内化为自己的价值取向，外化为具体行为。比如，每年暑假，井冈山大学都会组织学生开展红色故事采风活动，他们从井冈山出发，沿着红军留下来的足迹，一路走来，倾听各种感人故事，搜集红色材料，编辑成资料出版。大学生通过自己的亲身体验，能够更加深刻地去认识革命事迹，并能从中受到鼓舞，坚定自身的理想和信念。西南政法大学每年都会组织大一新生去重庆参观有光荣革命传统的地方，比如白公馆、渣滓洞、红岩村等，大一新生能够在具体的氛围中感受红岩精神，接受革命精神的洗礼。

（二）建立长效稳定的沂蒙精神实践教育基地

大学生把课堂上学到的理论知识运用于课外实际操作的具体渠道就是社会实践，社会实践对大学生来说具有较强的教育作用，社会实践活动通常借助于大学生社会实践基地开展，所以大学生实践基地数量的多少，直接决定着社会实践活动开展的情况。高校应该和红色资源单位加强合作，利用当地的红色文化资源对大学生进行思想政治教育。比如两者共同建立各种形式的爱国主义、红色文化资源实践教育基地等。大学生通过参观教育基地，能够充分认识到党的奋斗史，了解战争年代所形成的革命精神，能够直觉地将课堂上学习的内容与教育基地所展示的内容结合起来，深刻地认识红色文化资源的内涵，从多个渠道对当代大学生价值观进行培养。西北大学和当地的八路军办事处纪念馆、历史博物馆等单位共同合作，共建了多个爱国主义教育基地，学校经常组织大学生到这些教育基地参观、演讲、写心得，让大学生能够更加深入地了解当地文化资源，对大学生进行直观教育，不断地培养和提升学生的爱国主义精神。

临沂大学深知“沂蒙精神育人工程”是个逐步深化的过程，必须遵循教学规律有序推进，不能寄希望于一蹴而就。临沂大学充分利用新生入学教育这一契机，对大一学生的思想政治教育主要立足于引导他们熟悉大学新环境，认识和体验红色文化；有条不紊地开展军训、学唱红歌、参观红色馆、学习“沂蒙红色文化与沂蒙精神”等，让大学生身处红色文化这一社会主义先进文化形态的熏陶之中，以矫正他们人格塑造中的错误认知和不当言行，夯实社会主义核心价值观教育的成效。与初到学校懵懂无知的大一新生不同，大二、大三的大学生已熟悉入学环境并基本掌握了如何在大学开展学习的实用方法，因此，旨在培育和锤炼大学生各项能力和素质的社团活动及各类社会实践活动逐步增多。临沂大学因势利导，引导大学生逐步完善健康的人格及生成相对稳定的核心价值观，养成具有鲜明地域特色的沂蒙精神特质，从而在离校后继续传承与弘扬沂蒙精神，为实现伟大的中国梦而努力拼搏，成为合格的社会主义事业建设者和接班人。

四、网络课堂：网络载体渗透

互联网的快速发展，让社会进入了网络时代，当代大学生已经能够非常熟练地应用网络，高校可以借助于网络载体对大学生进行沂蒙精神和核心价值观的教育。据相关数据统计，截止到2018年年底，我国内地网民、手机网民数量分别为8.29亿人、8.17亿人，其中67.8%属于青少年网民，9.9%网民为大学本科及以上学历。随着信息化进程的不断加快，网络已经成为当代大学生生活中不可缺少的一部分，大学生利用网络学习知识、获取新事物、沟通和交流。但网络是一个虚拟世界，内容杂陈、良莠不分，除了有一些色情和凶杀等内容之外，还有一些反社会反人类的内容，这些负面内容对大学生群体造成了剧烈的冲击，不断地腐蚀着大学生的心灵世界，影响着大学生正确的价值观念、行为规范的形成，完全违背了大学生核心价值观教育的内容。所以，高校应该利用网络平台，用红色文化资源对大学生开展网络道德教育，让网络课堂成为核心价值观培育的重要阵地。

（一）强化红色网站的管理和应用

在中央网络信息和信息化领导小组会议上，习近平明确指出，要利用网络弘扬主旋律，激发正能量，让网络空间净化起来。随着互联网的快速发展，网络已经成为人们学习、生活和沟通的主要方式，我们应该借助于网络平台宣传沂蒙精神，传播有价值的内容，不断地净化网络空间，把网络平台作为沂蒙精神传播的重要阵地。

建立红色网站，以此为载体宣扬革命精神和沂蒙精神，丰富大学生核心价值观教育的内容，增强其趣味性，吸引大学生群体的关注，调动大学生红色精神的积极性。红色网站迎合了当代大学生的生活习惯，利用网络的隐性教育功能，吸引和感染大学生群体，培养他们树立正确的价值观念和价值取向。

加强对红色网站的管理和应用，让红色网站成为沂蒙精神弘扬的主要阵地，成为大学生核心价值观培育的主要场所。以学生为本、从学生需求出发，建立具有时代特色的红色网站，把沂蒙精神、核心价值观等资源制作成数字化产品，在红色网站上广泛传播，熏陶和感染新一代的大学生群体。在红色网站上可以开辟沂蒙地区革命史教育专栏、践行社会主义核心价值观专栏等等，邀请沂蒙老区的革命亲历者、革命者的后代、国内外的专家学者等在专栏上讲话、发表著作、和网友互动，或者通过网络论坛、网络社区、电子杂志等方式，对大学生群体进行红色文化教育，提高他们对红色文化和养精神的认同。红色网站要及时更新，不断地上传新的经典作品，供师生下载。比如，浙江大学在网络平台上设置了“中国红色网站联盟”，已经有800多所高校加入了该联盟，上传了大量的红色资源，无数大学生浏览和观看，其内容极其丰富、内涵深刻，能够有效地渗透到大学生核心价值观教育中，对大学生正确思想观念培养、正确价值观形成起到了重要作用。网络为人们创造了一个完全虚拟的环境，其内容极其复杂，高校只有掌握网络的特点和规律，才能了解“社情网意”，这需要运用多种手段加强对于网站的管理，包括行政、技术、法律等手段。

（二）深入开展大学生网络道德教育

网络能够给人们带来更多的方便和快捷，增加了人们对网络的依赖程度，但网络具有虚拟性，会给社会生活带来很多负面影响，比如网络垃圾、网络暴力等。大学生身处其中，思想观念并不成熟，很容易受到不良风气的影响，所以加强大学生网络道德教育，提高大学生应对网络不良风气的能力，是当前高校开展网络道德教育的关键。

沂蒙精神蕴含着优质的教育资源，在大学生网络道德教育之中融入沂蒙精神，有利于提升教育的质量和效果，丰富网络道德教育内容，帮助大学生树立起正确的核心价值观，具体可以做到以下三点：第一，加强教师的专业技能和文化素养培养。只有不断地提高教师的文化素养和专业技能，增强其职业道德和责任感，才能更好地开展网络道德教育。第二，针对很多大学生沉迷于网络、迷失了自我等问题，可以利用沂蒙精神对其进行教育，让大学生认清当前严峻的形势，明确自己应该肩负的使命和责任，坚定立场，自觉地抵制网上不良风气。第三，大学生正处于人生的成长阶段，世界观、人生观并没有成熟和完善，面对纷繁复杂的网络世界，一些大学生无法做出正确的判断，很容易在物欲横流中迷失方向，所以可以用沂蒙精神中的勇于奉献、顾全大局的价值理念去感染和熏陶大学生，提高大学生是非美丑的辨别能力。

总之，在大学生核心价值观教育中，沂蒙精神起着重要作用。传承并发扬沂蒙精神，充分利用红色文化资源对大学生进行核心价值观教育，是培育和践行核心价值观的有效策略。

第六节　沂蒙精神融入大学生思想政治理论课

一、培育思政课堂特色，铸造思想政治教育之魂

沂蒙精神是中华民族精神的具体体现，根植于中华民族传统文化之中，是不可缺少的一部分，应该在思想政治课堂中引入沂蒙精神，增加思想政治课堂的特色，让思想政治课能够不忘初心，明确思政课建设的内容和方向，具体可以做到：

第一，注重沂蒙精神中的人文关怀。人文关怀是沂蒙精神的精髓，融入思政课堂中，就是用沂蒙精神来讲好中国故事，凝聚中国力量，向世界传递中国精神。大学生通过沂蒙精神的学习，能够更好地了解其内涵，提高自身的认知、践行能力，实现创新能力的提升，同时能够增进大学生的民族认同感，让大学生能够充分体验到民族精神的伟大之处，从而增强大学生群体的文化自信。沂蒙精神融入思政课堂上，通过鲜活的案例、生动的故事，让学生能够亲身体验、亲身感受，认同沂蒙精神，对大学生群体精神价值层面能够起到引领作用，对其内心世界能够形成强烈的影响，帮助大学生树立起正确的思想观念，形成担当意识，勇于承担社会发展的重任。

第二，教学方法方式的创新。在大学思政课堂上，引入沂蒙精神，需要教师在教育教学方法上进行创新。思政教师在教学过程中要遵循政治性与艺术性相统一原则，理论联系实践，打造特色课堂，可以从以下五个方面进行：

一是打造故事课堂。当代大学生没有经历过革命和战争岁月，对革命岁月了解不足。而沂蒙精神代表了山东军民生死与共的故事，是党的精神瑰宝，教

师可以向学生讲述沂蒙人民革命战争的故事，和党生死相依的故事，用生动感人的故事去熏陶和感染大学生，引起大学生心灵深处的震动。比如沂蒙精神中有一支特殊的群体——沂蒙红嫂，她们虽然没有直接参与战争的第一线，但是她们送子参军、送夫支前、缝军衣、做军鞋等故事至今流传在沂蒙地区。明德英乳汁救战士、李桂芳架起火线桥、王步荣四儿一女上前线等，内容非常生动，能够对大学生起到思想政治教育作用。思政课教师应该充分利用这些故事，通过思政课堂对学生进行教育，让学生感受到沂蒙精神，能够从内心深处认同这种精神，并且能够在这种精神的鼓舞之下努力学习，勇于承担社会发展的重任。

二是情景再现法。借助于媒体技术，把沂蒙故事历史场景搬到课堂上，增强大学生的现场体验感，通过以情感人、以理服人的教学，让大学生能够真正感受到沂蒙精神的内涵，比如《沂蒙六姐妹》《力量》等。

三是现场体验法。沂蒙精神是中华民族精神不可缺少的一部分，革命的岁月虽然已经过去，但沂蒙精神不能忘却，沂蒙地区建立了多个纪念馆。思政教师可以组织学生到沂蒙地区现场教学，到纪念馆深度感知、体验沂蒙精神的真正内涵，比如孟良崮战役纪念馆、沂蒙红嫂纪念馆等，大学生能够在纪念馆中真切体验到沂蒙精神中所涉及的优秀人物、先进事迹、宝贵精神，能够实现自身情感、灵魂的净化。

四是网络交互法，可以借助于互联网功能，宣传和传播沂蒙精神，实现沂蒙精神的线上教学，线上线下相互配合，利用网络的便捷性来引领学生学习沂蒙精神，扩大沂蒙精神在网络空间中的传播。

五是翻转课堂法，鼓励学生搜集有关沂蒙精神的资料，然后在课堂上鼓励学生发表意见，把自己的所见所感所想用准确的语言表达出来。多种方法的并用，能够让学生从内心深处感受到沂蒙精神的伟大之处，从而达到灵魂的震动，认同和学习沂蒙精神，并把这种精神内化到自己思想深处，外化为行为。

第三，教学情境的精心设计。习近平总书记明确指出，思想政治理论课要因事而化、因时而进、因势而新。思想政治教师在教学过程中要遵循上述规律，同时要结合当地的具体情况，打造特色课堂。在思想政治课中引入沂蒙精神，这就需要思政教师在教学内容上有所取舍，在讲解过程中，要注重逻辑性和现实性的有效结合；在表达风格方面，既要体现严谨性，又要体现课堂的活泼性，同时要充分地利用互联网技术，实现线上线下的有效结合。在教学方式选择方面，要结合沂蒙特色，精选特色教学案例，制作成优秀的课件，吸引学生的关注，让学生能够在获得理论知识的同时引发内心的共鸣。

二、强化思政课育人能力，立稳思想政治教育之根

沂蒙精神根植于齐鲁大地，是一代沂蒙人精神的凝聚，是中华民族精神的一个缩影。沂蒙精神展示的是坚定的理想信念、坚强的党性修养、坚韧的责任担当、崇高的道德情操。将沂蒙精神融入思政课堂中，能够对当代大学生起到有效的教育作用，能够增强思政课的育人功能。

将沂蒙精神融入思政理论课堂，其目的就是对当代大学生进行教育，坚定当代大学生的理想信念，让当代大学生能够不忘初心，做一名合格的接班人。沂蒙精神是沂蒙军民精神凝聚而成的，沂蒙军民经历了战争和炮火，经历了生与死的选择，在血与火的考验中坚定了革命理想，明确了党的领导，并通过自身不屈不挠、忠贞不渝的精神实现了民族解放的目标。作为当代大学生要坚定理想信念，明确奋斗目标，不屈不挠地为完成自身的理想信念而努力。

将沂蒙精神融入思想政治理论课堂，关键在于践行党的宗旨。通过思政课堂，让每一位大学生都明白新中国成立的不易，了解军民水乳交融和生死与共的故事，了解沂蒙红嫂奉献精神的根源，比如沂蒙母亲为何能够饿死自己的孩子也要抚养革命后代，沂蒙人民为什么会牺牲一切去支持革命事业，沂蒙子女为什么勇于牺牲自己的生命去参与革命。这是因为沂蒙人民有着坚定的理想信念，能够清楚地知道，只有跟着中国共产党才能走上幸福之路。沂蒙人民用自己的牺牲换来了解放。让人民群众摆脱受压迫受剥削的命运，实现中华民族的

国富民强，这就是沂蒙人民的初心、党的初心，也是沂蒙精神的力量源泉之所在。大学生要从沂蒙精神中体验到初心，明确自己所肩负的历史使命，坚信党的领导、始终忠诚于党的领导，在党的领导之下坚定不移地走社会主义道路，坚定中国特色社会主义的道路自信、理论自信、制度自信、文化自信，才能对社会主义现代化建设增添力量。

将沂蒙精神融入思想政治理论课堂，要形成敢于担当的作风。沂蒙精神是中华民族精神的一部分，无论任何时代，沂蒙精神都具有强烈的教育和感染作用，能够穿越时空对当代大学生进行思想教育。沂蒙精神所透露出的强烈的政治责任和使命担当，即便是在社会主义建设的今天，仍然具有强大的精神感召力。对大学生进行沂蒙精神方面的教育，能够增强大学生的担当意识，鼓励大学生脚踏实地承担起国家建设、民族复兴的重任。

三、立足各方协同推进，打牢思想政治教育之基

构建高校思政课建设的大格局，不仅需要学校党委的高度重视，还需要各部门的鼎力配合，除了思想政治课堂进行教育外，其他各科教育都要渗透思想政治教育的内容，只有协同一致、全面配合、齐抓共管，实施全过程教育，才能够探索出一条有效的教育之路，才能让沂蒙精神更好地融入思政理论课堂，为思想政治教育创造更多的条件。

将沂蒙精神融入思想政治理论课课堂，需要创设良好的教学环境。高等院校要结合思政教育的具体需求，完善相关软硬件设施，创造良好的教学条件、教学环境，推动思政教育的可持续深入。思政教师可以借助良好的教学环境，坚持内外结合、统筹协调的方法，充分利用各种资源，提高思政教育的有效性，具体可以做到：

一是合理控制教学规模。根据教学实际需求设置教学规模，注重师生互动，实现教学质量和效率的提升。

二是改善和完善教学环境。沂蒙地区的高校可以加强校园文化建设，开展

各种形式的沂蒙精神主题活动，借助多种载体对学生进行成长教育；其他地区的高校可以通过沂蒙故事对大学生进行教育。

三是稳步推进教学评价。针对大学生思政学习情况，制定出切实可行的考核评价体系，考核的重点集中在对沂蒙精神价值认同方面，通过综合性评价，了解大学生学习沂蒙精神的情况。

四、充分发挥师生合力，献力沂蒙精神传承

1. 充分激发高校思想政治教师教学积极性

（1）做好教授沂蒙精神教师的思想建设

互联网的快速发展，让当代大学生有了更多了解世界、接触外界的机会，大学生已经能够冲破象牙塔的限制，借助于网络渠道获得更多的知识。

高校思政教师要充分认识到大学生生活的客观环境的变化，对于学生的求知欲望进行深入调查，采取切实可行的教育教学方法，调动大学生学习的热情和积极性。高校教师要不断地自我提升和自我发展，树立起终身学习的概念，不断地自我充电，才能够更好地教书育人、传道授业解惑，满足大学生学习的需求。各教研室教师要发挥自身的功能，结合新时代学生的需求整编教案，实现教学方法和教学内容的创新。特别是在沂蒙精神授课过程中，教师要通过多个渠道搜集相关事例，为学生提供生动的教例，用沂蒙精神来感染和影响学生，调动学生学习的积极性。

（2）做好自身角色的变换

信息时代下，大学生获得知识和信息的渠道更加广泛，很多大学生都能够熟练地运用电脑进行学习或者查询，教师要充分认识到这一点，改变原有上课模式，树立起以学生为中心的教学理念，在课堂上引导学生去探究知识、掌握技能。

教师可以引出研究课题，然后鼓励学生通过各种渠道搜集相关资料，学生

在搜集资料的过程中主动去发现知识、掌握知识，这些知识也会内化成学生的思想和行为，从而实现思想政治教育的目的。

（3）合理的评价机制

对于思想政治理论课，很多学生有着错误认识，认为只要在知识框架之内对理论知识进行记忆和背诵，就能够应对考试。此种错误理解会严重影响到大学生学习的积极性和主动性，单纯的记忆会让大学生感到压抑，无法进行主动思考。

学校应该针对大学生的这种错误思想制定出切实可行的评价机制，对大学生思想政治理论课的学习过程进行约束和规范，让每一个大学生都能够积极主动去学习。沂蒙精神讲述之后，可以设置一些习题，让学生通过社会调查，写出自己对沂蒙精神的理解，并畅想怎样弘扬沂蒙精神。教师可以通过小论文的评价，提高学生在沂蒙精神学习过程中的积极性和主动性。在考核过程中，教师应该鼓励学生把沂蒙精神融入各学科中，在不同的学科背景下去领悟和体验沂蒙精神。针对学生所提出的不同观点，教师要从中取其精华，并融合多种观点，增加思想政治课程的丰富程度。

2. 激发高校学生参与政治理论课的热情

（1）转变对思想政治教育课的观念

对大学生进行思想政治教育，其本质就是有意识地对大学生进行意识形态灌输和教化，帮助大学生树立起正确的价值观念、思想理念，从而实现大学生的全面发展。

思想政治教育活动目的就是为了提高大学生思想政治素养，让大学生能够实现德智体美劳的全面发展。当代大学生要正确地认识思想政治教育课的意义和价值，形成正确的学习观念、学习意识，只有如此才能不断地实现自身的全面发展。大学生只有重视思想政治教育，才能自觉地去接受思想政治教育课程所传递的思想与精神，成为社会主义建设的主力军。

（2）培养学习自信，增强学习动力

学习动机共有三个因素作用：一是学习者对目标价值的判断，二是学习环境，三是对完成目标的预期。

培养大学生思想政治理论课学习自信心，就要让大学生充分认识到该课程的价值，在学习之前就设置一个预期目标，在整个学习过程中，要严格地按照沂蒙精神的标准来要求自己。这种目标很难去量化，但是大学生可以通过加强自我控制来实现上述目标。比如和同学发生利益冲突，此时就要充分考虑他人的利益，牺牲自我利益；当生活中遇到困难，就要有一种不服输的精神，奋力拼搏去克服困难；当发现生活中有需要帮助的人，不图回报地为他人伸出援助之手。只有如此，才能形成良好的道德素养，才能达到较高的思想境界。

主要参考文献

[1] 中共中央马克思恩格斯列宁斯大林著作编译局.马克思恩格斯选集:第1卷[M].北京:人民出版社,1995.

[2] 毛泽东.毛泽东选集:第1卷[M].北京:人民出版社,1991.

[3] 邓小平.邓小平文选:第3卷[M].北京:人民出版社,1993.

[4] 丁凤云,黄宏.沂蒙精神[M].北京:人民出版社,2008.

[5] 丁凤云.沂蒙红色文化与沂蒙精神[M].济南:山东人民出版社,2012.

[6] 丁凤云.沂蒙精神与全面建设小康社会[M].北京:红旗出版社,2005.

[7] 沂蒙精神彪炳千秋摄影集编委会,山东省摄影研究会.沂蒙精神彪炳千秋摄影集[M].北京:华艺出版社,1992.

[8] 鞠茂勤,赵延庆.山东革命传统研究[M].济南:山东人民出版社,1991.

[9] 刘英华.沂蒙文化发展研究[M].济南:山东人民出版社,1994.

[10] 李纪岩.当代大学生社会主义核心价值观培育研究[M].济南:山东人民出版社,2013.

[11] 陈万柏,张耀灿.思想政治教育学原理[M].2版.北京:高等教育出版社,2007.

[12] 皮连生.学与教的心理学[M].上海:华东师范大学出版社,1997.

[13] 徐东升,孙海英,叶桉.中国共产党革命精神研究[M].济南:山东人民出版社,2017.

[14] 张福记,李纪岩.高校思想政治教育研究[M].成都:四川教育出版社,2009.

[15] 符成彦,林琛,吴昊.大学生成长与思想政治教育研究[M].北京:教育

科学出版社,2013.

[16] 张国树.中华传世经典阅读:礼记[M].山东:青岛出版社,2006.

[17] 魏本增.发掘革命文化内生力　为彰显民族精神提供持久动力——兼论沂蒙精神的时代价值[J].理论学习,2007(1):37-38.

[18] 苑朋欣,谭苏丽.沂蒙精神的科学内涵和时代价值[J].临沂师范学院学报,2009(1):128-131.

[19] 王宇薇.龙江精神融入高校思想政治教育研究[D].大庆:东北石油大学,2014.

[20] 安盈洁.沂蒙精神及其时代价值研究[D].兰州:西北民族大学,2014.

[21] 刘银萍.沂蒙精神对大学生核心价值观教育的价值及其路径研究[D].海口:海南大学,2015.

[22] 贺文焘.东北抗联精神融入高校思想政治教育研究[D].长春:吉林大学,2016.

[23] 临沂市地方史志办公室.蒙山志[M].济南:齐鲁书社,1999.

[24] 梁自洁,李祥栋,陶滋年.沂蒙精神研究[M].济南:山东人民出版社,1994.

[25] 林存华,徐东升.论地方高校与沂蒙红色资源的有机契合[J].江西科技师范大学学报,2016(3):40-44.

[26] 苑朋欣.沂蒙精神与社会主义核心价值体系建设[J].井冈山大学学报:社会科学版,2010(3):14-18.

[27] 本书编写组.沂蒙精神学习读本[M].北京:中共中央党校出版社,2014.

[28] 山东省档案馆,山东社会科学院历史研究所.山东革命历史档案资料选编:第5辑[G].济南:山东人民出版社,1982.

[29] 山东省档案馆,山东社会科学院历史研究所.山东革命历史档案资料选编:第11辑[G].济南:山东人民出版社,1983.

［30］山东省档案馆，山东社会科学院历史研究所．山东革命历史档案资料选编：第10辑［G］．济南：山东人民出版社，1983.

［31］中共山东省委党史研究室．三师在沂蒙［M］．北京：中共党史出版社，1995.

［32］徐春辉．新媒体时代大学生红色文化教育实效性探析［J］．湖北工业职业技术学院学报，2015（5）：11-14.

［33］刘慧，王发龙．全媒体视阈下沂蒙精神传播的路径优化［J］．临沂大学学报，2018（5）:97-106.

［34］姜秀芹．"互联网+"时代下高校新媒体工作室建设研究［J］．太原城市职业技术学院学报，2015（8）：168-169.